Unter die Haut: Berührung und Berühren

Körperkontakt, Berührungen sind wichtig für unser Wohlbefinden, unsere Gesundheit und auch für unser soziales Zusammenleben. Ohne Fühlen und Tasten können wir nicht leben. Berührungen: Manchmal sind sie selbstverständlich, manchmal sehr intim. Oft beiläufig, gelegentlich bewusst. Manche nehmen wir kaum wahr und erinnern uns nicht an sie, andere haben für immer eine Bedeutung. Manche sind intensiv oder gehen gar unter die Haut und andere wiederum gehen zu nahe, überschreiten Grenzen – oder bleiben aus.

Berührungen können berühren – sind »keine Einbahnstraße«: Berühren wir, werden auch wir berührt und damit unser Dasein. Berühren sucht nach einer Antwort, die wir in der Begegnung finden.

Warum braucht der Mensch überhaupt Berührung? Was lernen wir aus der Pandemie, in der Menschen in Pflegeeinrichtungen und Sterbende in Kliniken plötzlich keine Nähe (und Berührung) mehr erfahren durften? Was passiert in und mit uns, wenn wir emotional (zu sehr) berührt werden, und ist Abgrenzung oder aber Nähe das beste Rezept, um uns davor zu schützen?

Bilder von Verstorbenen, die sich Menschen tätowieren lassen, gehen »unter die Haut« und sind eingeprägt wie die körperlichen Erfahrungen, an die sich selbst Menschen mit Demenz erinnern können. Der Bogen spannt sich bis zu dem Punkt, an dem wir erleben, dass Berührung in unserer Tätigkeit ein Machtinstrument sein kann.

So vielfältig wie dieses Thema, so vielfältig ist dieses Heft. Gehen Sie mit uns und den Autor:innen dieses *Leidfaden*-Hefts auf »Tuchfühlung«, wenn es um die körperlichen, emotionalen und seelischen Berührungen (nicht nur) in unserer täglichen Arbeit geht.

Margit Schröer · Erika Schärer-Santschi · Rainer Simader

Leidfaden, Heft 4 / 2023, S. 1, ISSN (Printausgabe): 2192-1202, ISSN (online): 2196-8217, © 2023 Vandenhoeck & Ruprecht

13 Christine Busta | Berührung

27 Cornelia Prasch | Berührung
bewegt – Bewegung berührt

Inhalt

35 Erich Schützendorf | Zwischen Macht und Hingabe

In Berührung bleiben
Warum jeder Mensch Berührung braucht

Rebecca Böhme

Eine liebevolle Umarmung, ein fester Händedruck, ein sanftes Streicheln – berührt zu werden geht uns nahe. Eine Umarmung kann oft mehr Trost spenden als wohlgemeinte Worte, und wir empfinden diese Wirkung auf einer anderen, einer tieferen Ebene. In der Berührung spüren wir den anderen Menschen und auch uns selbst leiblich, was vielleicht dieses Tiefergehende erklären kann.

Berührung unterscheidet sich insofern eindeutig von unseren anderen Sinneserfahrungen. Insbesondere von den Fernsinnen, dem Sehen und dem Hören. Der Geruchssinn mag dem Berührungssinn in Bezug auf die direkte und oft

emotionale Wirkung noch am nächsten kommen. Was macht den Berührungssinn so besonders?

Wie wir Berührung wahrnehmen

Unsere Körperoberfläche ist mit Millionen Rezeptoren bedeckt, die Berührungen registrieren. Der Mensch hat viele unterschiedliche Berührungsrezeptoren, und vermutlich sind noch nicht alle entdeckt worden. Wir wissen von Rezeptoren, die gezielt auf Druck oder Vibration reagieren. Manche adaptieren schnell, das heißt, sie signalisieren, wenn ein neuer Reiz beginnt, aber gewöhnen sich schnell an den Reiz und beenden

Herzliche Berührungen führen zu einer Ausschüttung von Hormonen, die sowohl das Wohlergehen als auch die Beziehung zwischen den beiden Berührungspartnern verbessern.

Alphavector / Shutterstock

Leidfaden, Heft 4 / 2023, S. 4–7, ISSN (Printausgabe): 2192-1202, ISSN (online): 2196-8217, © 2023 Vandenhoeck & Ruprecht

dann die Signalweiterleitung. Andere bleiben aktiv, solange der Reiz, also zum Beispiel ein Druck auf die Haut, besteht.

Für unser soziales Miteinander scheinen wir ganz besondere Rezeptoren zu haben: Die sogenannten C-taktilen Fasern befinden sich an der Wurzel unserer kleinsten Härchen. Sie zeigen eine faszinierende Spezifikation: Während andere Rezeptoren insbesondere auf Abweichungen von der Körpertemperatur reagieren, wenn also ein Reiz entweder kälter oder wärmer ist, bevorzugen die C-Fasern Reize im Bereich um die 32 Grad Celsius. Dies entspricht in etwa der Temperatur unserer Fingerspitzen! Außerdem werden sie besonders stark aktiv, wenn mit einer langsamen, sanften Bewegung über die Haut gestreift wird. Diese Rezeptoren haben also die besondere Eigenschaft, dass sie Reize bevorzugen, die am ehesten im Zwischenmenschlichen vorkommen, nämlich sanftes Gestreicheltwerden von einem Mitmenschen.

Wenn die C-Fasern von einem Streicheln aktiviert werden, senden sie ein Signal weiter ans Rückenmark. Hier wird es vermutlich mit anderen Nervensignalen kombiniert. Tatsächlich deutet immer mehr darauf hin, dass bereits im Rückenmark komplexe Verarbeitungsschritte stattfinden. Nervenzellen im Rückenmark erhalten sowohl Informationen von der Peripherie, das heißt von den Rezeptoren im Körper, als auch vom Gehirn. Was genau sich hier abspielt, wird zurzeit noch erforscht. Nachdem diese erste Integration der Signale stattgefunden hat, wird das Ergebnis weiter ans Gehirn gesendet.

Bei einem sanften Streicheln wird im Gehirn ein Bereich aktiv, der für die Verarbeitung von taktilen Reizen zuständig ist: der somatosensorische Kortex. Dies geschieht auch bei allen anderen Berührungs- und Tastreizen, also wenn mich zum Beispiel jemand unsanft anstößt oder wenn ich mit der Hand über eine Tischoberfläche streiche. Bei einer positiven, zwischenmenschlichen Berührung werden allerdings noch weitere Gehirnareale aktiv, und zwar Areale, die für das Spüren des eigenen Körpers (Insula) sowie für das

Einfühlungsvermögen (temporoparietale Junktion) zuständig sind. Diese zusätzlichen Areale sind nur im Fall einer positiven sozialen Berührung aktiv, nicht jedoch beim Ertasten von Oberflächen. Dies ist ein wichtiger Hinweis darauf, dass bereits auf der physiologischen Ebene die soziale Berührung auf ganz besondere Art und Weise verarbeitet wird – und daher nicht problemlos ersetzbar ist.

Was Berührung bewirkt

Wenn man sich gestresst oder traurig fühlt, hat wohl kaum ein anderer Sinnesreiz eine solch wohltuende Wirkung wie die Umarmung eines geliebten Menschen. Dass Berührung heilsam sein kann, ist uns Menschen zwar seit Jahrtausenden bekannt, doch spielt die Berührung in Medizin und Psychologie, wenn überhaupt, eine Nebenrolle. Das mag daran liegen, dass es schwierig ist, mit naturwissenschaftlichen Methoden einen direkten heilenden Wirkmechanismus für die Berührung nachzuweisen. Doch wir können zumindest aufgrund der bekannten und nachweisbaren Wirkung indirekt darauf schließen, wie wichtig die zwischenmenschliche Berührung für unsere Gesundheit und Psyche ist.

Natürlich kann eine Berührung nur positive Effekte hervorrufen, wenn sie von beiden Berührungspartnern gewollt und als angenehm empfunden wird. Ist das der Fall, so werden bei einem liebevollen Streicheln oder einer sanften Umarmung eine ganze Reihe von Vorgängen im Körper ausgelöst, die sowohl physiologisch als auch psychologisch das Wohlergehen steigern. Es konnte nachgewiesen werden, dass eine liebevolle Umarmung von einem nahestehenden Menschen messbar Entspannung und Stressreduktion erzeugt: Atmung und Herzschlag verlangsamen sich und die im Körper zirkulierende Menge des Stresshormons Cortisol verringert sich. Über weitere Schritte kann diese Stressminderung sogar dazu führen, dass das Immunsystem gestärkt und die Immunantwort verbessert wird.

Herzliche Berührungen führen zu einer Ausschüttung von Hormonen, die sowohl das Wohlergehen als auch die Beziehung zwischen den beiden Berührungspartnern verbessern. Die Endorphine, auch als »Glückshormone« bekannt, heben die Stimmung. Oxytocin, im Volksmund »Liebeshormon«, hat eine vielfältige Wirkung auf die zwischenmenschliche Beziehung: Oxytocin-Ausschüttung verstärkt Gefühle von Nähe und Verbundenheit und das Vertrauen in den anderen. Eine Berührung signalisiert uns, dass wir nicht allein sind, dass vertraute und uns nahestehende Menschen da sind und uns unterstützen. Für uns Menschen, die wir sehr soziale Wesen sind und in hohem Maße voneinander abhängig, ist dies überlebenswichtig. Entscheidend ist allerdings, dass es sich, wie bereits erwähnt, um eine einvernehmliche Berührung handelt – denn bei unerwünschten Berührungen bleiben diese positiven Effekte aus.

Berührung hat noch eine weitere, äußerst wichtige Funktion. Diese wird deutlich, wenn wir die Phänomenologie der Berührung näher betrachten: Wenn wir berührt werden und wenn wir andere und die Welt um uns berühren, spüren wir dabei immer, wo sich die Grenzen unseres eigenen Körpers befinden. Wir nehmen bei jeder Berührung also sowohl unsere Umwelt und unsere Mitmenschen wahr als auch uns selbst als ein leibliches Wesen. Auf diese Art entwickeln Kinder eine erste Form der Selbstwahrnehmung: Von Beginn an spüren wir durch die Aktivität unserer Berührungsrezeptoren, wo unser eigener Körper endet und wo die Welt um uns herum beginnt. Zwischenmenschliche Berührungen sowie Selbstberührungen sind essenziell für die kindliche Entwicklung. Ohne sie kann ein Kind sich kein »Bild« von sich selbst machen. Allerdings ist diese Formulierung fehlleitend, denn es geht hier ja eben um die Vorrangstellung des Berührungssinnes. Ein Kind kann blind geboren werden und entwickelt sich ohne tiefgreifende Einschränkungen. Ohne Berührungssinn wird kaum ein Mensch geboren. In einigen sehr seltenen Fällen, in denen Teile der Berührungswahrnehmung funktionslos geworden sind, zeigt sich, wie bedeutend dieser Sinn für die menschliche Entwicklung ist. Und auch beim Erwachsenen hat ein Wegfall des Berührungssinns immens tiefgreifende Folgen. Ein Patient, der in Folge einer Autoimmunreaktion alle Berührungswahrnehmungen seines Körpers verlor, beschreibt, dass er sich körperlos fühlt. In jahrelanger Rehabilitation konnte er mit Hilfe des Sehsinnes wieder lernen, seinen Körper zu kontrollieren. Allerdings gelingt dies nur unter enormer Konzentration und Willensanstrengung. Dieser sehr seltene Fall verdeutlicht, dass auch beim erwachsenen Menschen die leibliche Selbstwahrnehmung essenziell durch den Berührungssinn bestimmt wird.

Berührung im Kontext

Ob Berührung als wohltuend empfunden wird, hängt immer vom Kontext, von der Beziehung der Berührungspartner:innen und von den eigenen aktuellen Bedürfnissen ab. So kann selbst eine gut gemeinte Umarmung durch meinen Partner oder meine Partnerin sich unangenehm anfühlen, wenn ich mich gerade in einer stressigen Situation befinde, zum Beispiel morgens auf dem Weg zur Arbeit zu spät dran bin. Ebenso können auch physiologische Bedürfnisse dazu führen, dass normalerweise angenehme Berührungen plötzlich störend werden. Wer zum Beispiel sehr hungrig ist, möchte ungern umarmt und gestreichelt werden.

Diese Beispiele verdeutlichen einen wichtigen Aspekt der neuronalen Verarbeitung von Berührungsreizen. Selbst wenn ein sanftes Streicheln mit genau der richtigen Fingerspitzentemperatur zu einer Aktivierung der C-Fasern führt, kann die emotionale Reaktion je nach Situation völlig unterschiedlich ausfallen. Dies gilt es zu bedenken, wenn wir unsere Mitmenschen berühren möchten. Die meisten von uns haben ein gutes Gespür dafür, wann eine uns nahestehende Per-

Zwischenmenschliche Berührungen sowie Selbstberührungen sind essenziell für die kindliche Entwicklung. Ohne sie kann ein Kind sich kein »Bild« von sich selbst machen.

Martin Wetzel, Skulptur »Mutter mit Kind« des Bildhauers, 1967 / akg-images / Sammlung Berliner Verlag / Archiv

son offen für Berührungen ist und wann nicht. Wer sich jedoch nicht sicher ist, sollte lieber einmal zu oft als zu wenig nachfragen.

Berührungsmangel

Wie wichtig es ist, unsere Mitmenschen berühren zu können und von ihnen berührt zu werden, wurde vielen erst während der pandemiebedingten Einschränkungen bewusst. Inzwischen belegen erste Untersuchungen aus den Lockdown-Zeiten diese subjektiven Erfahrungen. Berührungsmangel verstärkt Gefühle von Einsamkeit, negative Emotionen, Depression und Ängste. Wir Menschen sind keine Einzelgänger im biologischen Sinne, sondern soziale Wesen. Körperliche Nähe zu unseren Mitmenschen war für unsere Vorfahren nicht nur eine angenehme Zugabe, sondern überlebenswichtig. Die Nähe der anderen bedeutete, und bedeutet es noch immer, Wärme und Schutz durch die Gemeinschaft.

Konzerne haben die Bedeutung und den möglichen Marktwert der Berührung inzwischen erkannt und arbeiten an der Entwicklung elektronischer Berührungsgadgets. Streichelroboter sollen in Altenheimen in der Pflege mitarbeiten, und Liebespartner auf Geschäftsreise können dem anderen eine Umarmung schicken, wenn der oder die Liebste ein entsprechendes Kleidungsstück trägt, das eine Umarmung simuliert. Während sich sicherlich viele durchaus sinnvolle und vertretbare Anwendungen für solche Apparate finden lassen können, müssen wir als Gesellschaft doch vorsichtig sein. Denn eine Verlagerung der zwischenmenschlichen Berührung ins Virtuelle oder eine Auslagerung der Befriedigung unserer Berührungsbedürfnisse zu Robotern, Maschinen und animierten Kleidungsstücken scheint fehlgeleitet, wenn nicht gar gefährlich.

Wenn wir einem anderen Menschen gegenübersitzen, befinden wir uns in der gleichen Situation, in der gleichen Atmosphäre. In dieser geteilten leiblichen Präsenz fällt es uns leichter, aufeinander einzugehen, miteinander in Resonanz zu kommen, und zwar nicht nur psychisch, sondern auch physiologisch. Studien belegen, dass in Interaktionen mit Menschen, die wir mögen, sich Atmung und Herzschlag aneinander angleichen, ja sogar die Gehirnaktivität zweier Menschen kann sich synchronisieren. Diese Gemeinsamkeit kann sich in virtuellen Interaktionen nicht einstellen. Und in Interaktionen mit Robotern schon gar nicht. So werden Berührungen, die technisch vermittelt sind, in ihrer Wirkung den menschlichen immer unterlegen bleiben. Denn selbst wenn eine Berührung physikalisch vergleichbar ist, also die Rezeptoren in der Haut auf vergleichbare Weise aktiviert sind, so finden sich unterschiedliche Aktivierungsmuster im Gehirn für menschliche und nichtmenschliche Berührungen. Es genügt also zu wissen, ob die Berührung menschlich oder künstlich erzeugt ist, um deren Wahrnehmung und Verarbeitung messbar zu verändern. Nur im realen leiblichen Zusammensein kann die Berührung ihre ganze Kraft entfalten und nicht nur unser eigenes Wohlergehen und unser leibliches Erleben verstärken, sondern auch das unserer Mitmenschen.

Dr. **Rebecca Böhme** ist Assistenzprofessorin für Neurowissenschaften an der Universität Linköping, Schweden. In ihrer Forschung untersucht sie die leibliche Selbstwahrnehmung.

Kontakt: info@rebeccaboehme.com

Literatur

Böhme, R. (2019). Human Touch – Warum körperliche Nähe so wichtig ist. München.

Von der Kraft der Berührung

Wilhelm Schmid

Wieder sinnlich leben

Auf überraschende Weise rückt die Berührung mehr als je zuvor in den Fokus. Gerade in einer Zeit, in der Dinge und Beziehungen forciert digitalisiert werden, wird das Analoge, Anfassbare wieder interessant. Die digitale Entsinnlichung führt zur Wiederentdeckung der Sinnlichkeit abseits der Geräte. Das Tupfen und Wischen auf leblosen Bildschirmen wecken das Bedürfnis nach dem Berühren und Streicheln lebhafter Anderer. Eine wachsende Zahl von Menschen lernt erneut oder beginnt erstmals, ein betont sinnliches Leben zu führen. Kaum eine Strategie ist besser geeignet, Probleme im Umgang mit der Digitalisierung im eigenen Leben aufzufangen: Wer analogen Lüsten frönt, braucht kein digitales Detox mehr.

Jede und jeder kann diese Erfahrung machen: Die *Kraft der Berührung* ist federleicht und zugleich äußerst wirksam, denn sie verleiht neuen Lebensmut. Sie ist unsichtbar und dennoch gut wahrnehmbar, sobald die Augen vor Freude aufleuchten. Mehr Gelassenheit ist mit ihr zu erlangen. Was schwer auf einem lastet, wird erträglicher. In einer berührungsstarken Beziehung fühlen zwei sich anhaltend miteinander verbunden. Mit erwünschten Berührungen werden Energien frei, die sich so produktiv auswirken, dass sie unverzichtbar für ein erfülltes Leben sind. Daher ist die Sehnsucht nach Berührung bei vielen so groß.

Berührungen können Beziehungen begründen und bewahren

Sie können einen hinreißen und geradezu überwältigen: Es tut so gut, mehr davon! Es handelt sich um eine subtile Macht, die so angenehm ist, dass sie kaum als solche wahrgenommen wird. Auf der anderen Seite haben Berührungen die Macht, Beziehungen zu zersetzen und schließlich zu zerstören, wenn sie nicht willkommen sind oder unmäßig ausfallen – oder wenn ihr Ausbleiben Verbitterung hervorruft. Eine Ausübung von Macht ist auch die Verweigerung von Berührung, die nicht nur absichtsvoll, sondern auch absichtslos geschieht. Welche Folgen der Entzug hat, lässt sich erahnen, wenn willkommene Berührungen zur kraftvollen Erfahrung werden: Das habe ich mir bisher entgehen lassen? Ja, Berührung kann sehr lustvoll sein. Umso schmerzlicher, wenn sie vermisst wird. Berührung im richtigen Maß kann Beziehungen erfüllen, ein Zuviel oder Zuwenig aber entleert sie.

Die Kunst der Berührung

Um der Bedeutung der Berührung gerecht zu werden, bedürfte es einer *Kunst der Berührung* im Leben jedes Einzelnen. Die Lebenskunst besteht aus vielen Einzelkünsten, die jeweils ihren Teil zu einem schönen, bejahenswerten Leben beisteuern. Dazu zählen sinnliche Künste wie die des Schauens, Hörens, Riechens, Schmeckens und eben auch des Berührens sowie soziale Künste wie die des Gesprächs, des Schenkens, der Pflege von Liebe, Freundschaft und Kollegialität. Jede Kunst entsteht am Schnittpunkt von Praxis und ihrer Reflexion und ist zunächst angewiesen auf ein Wissen. Das Wissen resultiert aus den gemachten Erfahrungen, dem Austausch mit anderen, der Aufnahme von Informationen, wie sie in Büchern vermittelt werden, und einem immer neuen Nachdenken darüber, wie die Praxis zu verbessern und zu verfeinern ist. Auf der Basis

Leidfaden, Heft 4 / 2023, S. 8–12, ISSN (Printausgabe): 2192-1202, ISSN (online): 2196-8217, © 2023 Vandenhoeck & Ruprecht

des Wissens kommt die Kunst dann vom *Können,* wie es mit einem geduldigen Sichüben und praktischen Erfahrungen zu erwerben ist. Jede und jeder kann auf diese Weise zur Künstlerin und zum Künstler werden.

Das körperliche Erleben bei Berührung

Die Wiederentdeckung der Berührung und das wechselseitige Berührungsspiel mit anderen geben dem Leben bereits auf der sinnlichen Ebene viel Sinn. Welche Aspekte der Berührung bedeutsam sind, ist schon auf der körperlichen Ebene erkennbar: Das Betasten der fünf Millionen Nervenenden der Haut wirkt belebend. Sogenannte C-taktile Fasern reagieren auf Druck und Wärme. Das aktiviert die Energien eines Menschen, und zwar bei wechselseitiger Berührung weit mehr noch als bei bloßer Selbstberührung, wie neurobiologische Untersuchungen zeigen, die die Gehirnaktivität messen. Andere sind es, die für »Feuer unter dem Dach« sorgen. Es ist das Berühren eines Anderen und das Berührtwerden durch ihn oder sie, wodurch ein Mensch sich spüren und zu sich selbst in Beziehung setzen kann. Immer in den Grenzen, die Berührung von Übergriffigkeit trennt.

Sich selbst zu berühren, ist aber nicht wirkungslos, etwa wenn eine Körperstelle schmerzt:
Die aufgelegte eigene Hand kann den Schmerz lindern und ihn womöglich ganz auflösen. Sich mit Selbstberührung körperliche Lust zu verschaffen, gelingt ganz unspektakulär bereits morgens, wenn das Selbst sich alle Zeit der Welt nimmt, um den Körper zu pflegen und ihm beim Waschen wohlzutun. Auffällig ist, wie häufig das Ich sodann, nicht immer voll bewusst, den ganzen Tag über die Selbstberührung sucht, meist mit einer unscheinbaren Bewegung der Hand, die über die Wangen streicht, an der Stirnhaut kratzt, an den Ohrläppchen zupft, in den Haaren wühlt. Zuweilen wird der Kopf in die Hände gelegt, um mit der Berührung das Denken zu stützen.

Berührung ist gesund

Erst gegen Ende des 20. Jahrhunderts wurden die komplexen biochemischen Wirkungsketten entdeckt, die durch Berührung in Gang gesetzt werden und den ganzen Körper durchqueren. Sie sind maßgeblich am Aufbau des Immunsystems beteiligt, ohne das Kleinkinder jedem Infekt schutzlos ausgeliefert sind. Gewöhnlich kommen in einer Familie die lebensnotwendigen Berührungen ganz von selbst zustande. Die Eltern und andere Bezugspersonen streicheln das Baby und tragen es herum. Hand in Hand mit dem körper-

Alphavector / Shutterstock

lichen Effekt entsteht dabei eine engere seelische Bindung. Kinder und Heranwachsende kann es trösten und heilen, bei Kummer oder kleineren Verletzungen in den Arm genommen zu werden. Aber auch bei Erwachsenen stärkt Berührung das Immunsystem, das ein Bollwerk gegen Erkrankungen aller Art darstellt, tatsächlich auch gegen Krebserkrankungen, wie die jüngste Forschung zeigt, die zur Entwicklung der schulmedizinischen Immuntherapie geführt hat.

Das ganze Leben hindurch bleibt die Berührung von Bedeutung. Sie ist ein Element der Gesundheit und des Wohlbefindens, das demjenigen Sinn zu verdanken ist, der durch die Haut geht und beim Tupfen und Wischen auf Displays nicht zu voller Entfaltung gelangt. Endorphine (endogene Morphine sind körpereigene Schmerzmittel) mildern Schmerzerfahrungen. Hormone wie Serotonin, Dopamin, Noradrenalin bauen Stress ab und hellen die Stimmung auf. Die wohlige Nähe und Vertrautheit geht mit einer Ausschüttung von Prolaktin und Oxytocin einher. Berührung tut gut und ist gesund.

Sinnfülle statt Sinnleere

So groß ist die Bedeutung der Berührung, dass sie geradezu als *anthropologisch* bezeichnet werden kann: Das Menschsein hängt davon ab. Diese Erfahrung ist tief im Leben jedes Einzelnen verankert: Wenn ich berühre und berührt werde, sinnlich, seelisch, geistig und womöglich auch transzendent, lebe ich. Ohne Berührung spüre ich das Leben nicht. Im Kontrast zum berühmten »Ich denke, also bin ich«, *Cogito ergo sum,* worin René Descartes am Beginn der Neuzeit im 17. Jahrhundert den Kern des Menschseins sah, müsste es eher heißen: »Ich berühre, ich werde berührt, also bin ich«, *Tango tangor ergo sum.*

Anders als beim Cogito, das allein vom denkenden Ich spricht, kommt bei der Berührung zusätzlich zum Ich der Andere ins Spiel, von dem das Ich berührt wird. Das erlaubt jedem Ich, die bedrückende Isolation in sich selbst zu überwinden, sodass es mit neuer Kraft und Lebensfreude die Fülle des Menschseins erkunden kann. Außergewöhnliche Erfahrungen können damit einhergehen. Berührungen erzeugen eine Sinnfülle bereits dadurch, dass sie die Sinnlichkeit aktivieren, die das Ich mit anderen und aller Welt verbindet. Das Bedürfnis danach kann eine Triebfeder für Erotik und Sex sein und ist am ehesten zu stillen, wenn es sich dabei nicht nur um äußerliche Verrichtungen handelt. Wenn aber jede Berührung wegfällt, ausbleibt und verweigert wird, kann eine schreckliche Sinnleere die Folge sein. Ich spüre das Leben nicht mehr, der weite Raum der Seele geht verloren.

Berührendes Gefühlsleben

Es ist eine Kunst, Berührung herbeizuführen, eine weitere Kunst aber, sie geschehen zu lassen. Wenn der jeweils Andere die Initiative dazu nicht abweist, sondern sie zumindest passiv annimmt, vielleicht sogar aktiv beantwortet, kommt eine intimere Beziehung zustande. Dann kann das Glück der Berührung die Beteiligten durchströmen. Zauberhaft und erfüllend ist die sanfte Macht der Berührung, wenn sich Haut an Haut schmiegt und die Aktivität des Berührens mit der Passivität des Berührtwerdens verschmilzt, ein Verschmelzen von Selbst und Anderem. Das ist bei Umarmungen zu erfahren, aber auch beim Tanz, beispielhaft bei jenem Tanz, der *Tango* genannt wird: »Ich berühre, ich betaste, ich fasse an.«

Die mögliche Nähe zwischen zwei Menschen bestimmt häufig ohne ihr Wissen, aber mit größter Selbstverständlichkeit über ihre Beziehung, und dies nicht nur körperlich, sondern auch seelisch, denn die Berührung geht über den körperlichen Aspekt noch weit hinaus. Von einem berührenden Moment ist die Rede, wenn die Seele von Gefühlen berührt wird, und in besonderem Maße ist diese seelische Berührung zwischen Freunden und Liebenden erfahrbar. Gefühle sind die Sprache der Seele, Seele verstanden als

Egon Schiele, Freundin »Rosa-Blau«, 1913 / INTERFOTO / fine art images

*Es ist eine Kunst, Berührung herbeizuführen, eine weitere
Kunst aber, sie geschehen zu lassen. Wenn der jeweils Andere
die Initiative dazu nicht abweist, sondern sie zumindest
passiv annimmt, vielleicht sogar aktiv beantwortet, kommt
eine intimere Beziehung zustande. Dann kann das Glück
der Berührung die Beteiligten durchströmen.*

energetische Verdichtung, die den Körper zeitlebens trägt, aber nicht unbedingt an ihn gebunden ist. In der ganzen Spannweite von Gefühlen sind diese Energien erfahrbar, die ein berührendes Gefühlsleben ermöglichen und nicht der Endlichkeit unterliegen, da sie wie alle Energien unendlich wandelbar sind. Darauf zu achten, ist ein Garant dafür, das Leben intensiv zu spüren.

Geistige Berührung

Über das Körperliche und Seelische hinaus sind für das menschliche Leben ein geistiges Berühren und Berührtwerden von Belang. Auch geistig geschieht Berührung, wenn Menschen sich im Gespräch oder in Büchern von Gedanken berühren lassen und andere mit ihren Gedanken berühren. Berührungen durch Gedanken wirken auf Körper und Seele zurück. Wie das Seelische kann auch das Geistige als Verdichtung von Energien verstanden werden, die keiner Endlichkeit unterliegen, sodass es ein Leben des Geistes geben kann, das nicht vom Tod tangiert wird. Wie sonst wäre erklärbar, dass Gedanken längst verstorbener Geister wie Sokrates, Platon, Aristoteles, Epikur, Seneca und zahlloser anderer selbst nach endlos langen Zeiten noch Menschen berühren können? In diesem Fluidum von unabsehbarer Erstreckung im Raum und in der Zeit ist geistige Weite erfahrbar. Deshalb ist es so wichtig, das Leben nicht auf das vielgerühmte Hier und Jetzt zu beschränken.

Transzendente Berührungen

Die äußerste Berührung ist diejenige, die mit einem gefühlten, gedachten und womöglich wirklich erlebten Überschreiten der Endlichkeit einhergeht, um sich von einer unendlichen Dimension, einer Transzendenz, berühren zu lassen. Transzendente Berührungen können mit einer Religiosität oder Spiritualität einhergehen, müssen es aber nicht. Davon, welche Bedeutung diese Berührung für Menschen seit jeher gehabt hat, erzählt die Geschichte der Religionen. Mit Religion ist dabei nicht in erster Linie eine bestimmte Glaubensgemeinschaft oder Kirche gemeint, sondern das religiöse Phänomen selbst, der Rückbezug (»ich binde mich zurück«, *religo* im Lateinischen) auf etwas, das für wesentlich gehalten wird.

Wesentlich sind die Energien, die alles Leben und alle Welt, auch das einzelne Ich und seinen Körper, durchdringen und im Wortsinne *transzendieren,* also überschreiten. In den unterschiedlichsten Kulturen werden sie als göttlich, Gott oder Weltseele bezeichnet, aber entscheidend ist nicht ihre Benennung, sondern ihre Berührung im Fühlen und Denken, etwa bei einer Meditation oder einem Gebet. Menschen berichten nach dieser Erfahrung, von neuer Energie erfüllt zu sein. Sich für den transzendenten Raum zu öffnen, legt den Zugang zu dieser unerschöpflichen Kraft frei. Mit der Öffnung wird das Ich durchlässiger und die Bewältigung von Lebensproblemen leichter, da dem Menschen mehr Energie zur Verfügung steht und er sich als Teil eines umfassenden Ganzen fühlen kann. Aber nur der Einzelne selbst kann darüber entscheiden, ob und in welcher Weise er oder sie sich auf solche Weise berühren lassen will. Nicht die endgültige Wahrheit, die kein Mensch kennt, ist hier maßgebend, sondern die angenommene Lebenswahrheit, der ein Mensch letzten Endes sein Leben anvertraut.

© Heike Steinweg/
Suhrkamp-Verlag

Wilhelm Schmid lebt als freier Philosoph in Berlin. Umfangreiche Vortragstätigkeit im In- und Ausland. Viele Jahre lehrte er Philosophie als außerplanmäßiger Professor an der Universität Erfurt. Zusätzlich war er tätig als Gastdozent in Riga/Lettland und Tiflis/Georgien sowie als philosophischer Seelsorger am Spital Affoltern am Albis in der Nähe von Zürich/Schweiz. 2012 wurde ihm der deutsche Meckatzer-Philosophiepreis für besondere Verdienste bei der Vermittlung von Philosophie verliehen, 2013 der schweizerische Egnér-Preis für sein bisheriges Werk zur Lebenskunst.

Kontakt: mail@wilhelm-schmid.de
Website: www.lebenskunstphilosophie.de
YouTube: Wilhelm Schmid – Philosophische Spaziergänge

Berührung

Lass sie zu.
Wohlwollend, herzlich,
behutsam, vorsichtig,
zärtlich, liebevoll,
aufrichtig, echt,
spontan, ausdrucksvoll.
Lass sie zu.
Aus Seele,
Leib und
Geist.
Lass sie zu.
Mit allen
heilenden Kräften.
Lass sie zu.
Damit sie
uns gemeinsam
zum Segen wird.
Berühre mich
und lass mich
gleichzeitig
wieder los.

Christine Busta, 1985
(österreichische Lyrikerin, 1915–1987)

Christine Busta. Ölbild von Rudolf Pleban, 1942 / © VG Bild-Kunst, Bonn 2023 / Foto: Renate Merzinger-Pleban

Leidfaden, Heft 4 / 2023, S. 13, ISSN (Printausgabe): 2192-1202, ISSN (online): 2196-8217, © 2023 Vandenhoeck & Ruprecht

Berührbar bleiben – Von Nähe und Distanz am Sterbebett

Susanne Kränzle

Der Grenzbereich von Leben und Tod ist in vielerlei Weise herausfordernd und komplex – in erster Linie natürlich für die »Grenzgänger*innen«, aber dennoch, zwar anders, auch für uns Begleitende. Wir sind manchmal in Situationen gestellt, die wir als tragisch und traurig empfinden, die uns Kraft kosten und die wir nicht so einfach »abschütteln« können. Eine Frage, die wir alle schon oft gestellt bekamen, lautet daher: »Wie kannst du das nur aushalten?« Und eine landläufige Antwort darauf heißt seit Jahrzehnten: »Man muss eben eine professionelle Distanz wahren, man kann ja nicht mit jedem mitleiden oder gar ›mitsterben‹.«

Das beschäftigt mich, seit ich im Pflegeberuf begonnen hatte, und ich war mit dieser Aussage, Professionalität heißt Distanz halten, nie einverstanden. Ich bin nicht dafür angetreten und schon gar nicht mit der Absicht, in der Hospizarbeit Distanz zu den Menschen zu halten. Wie aber geht das zusammen, wie kann ich das aushalten? Ich will ja berührbar bleiben und den von mir begleiteten Menschen eine verlässliche Beziehung anbieten – aber wo bleibt dann meine vermeintliche Professionalität?

Wir kennen das aus eigenen Erfahrungen, dass wir Menschen als Funktionsträger erleben, die auf Distanz bleiben, nicht spürbar sind und von denen wir das Gefühl vermittelt bekommen, dass wir zwar Kundin, Klientin, Patientin sind, als Person aber gar nicht gesehen oder wahrgenommen werden. Der Kontakt bleibt formal, unpersönlich, auf der Informations- und Sachebene. Es geht nicht um die Beziehungsebene. Man »zeigt« sich in professionellen Kontexten eben nicht und interessiert sich nicht mehr als nötig für den ande-

ren. Das spart angeblich Zeit und beansprucht nicht weiter Platz im eigenen Leben. Man geht nicht betroffen oder berührt aus einer Situation hervor. Doch wo wären Menschen mehr auf uns Mitmenschen und auf Menschlichkeit, auf Verlässlichkeit und auf Gastfreundschaft angewiesen als auf der unbekannten Wegstrecke des Sterbens mit allem, was diese im Einzelfall mit sich bringen mag an Trauer, Leid und Not?

Unser Leben wird mit dem Leben des Sterbenden verwoben

Wir bewegen uns in einem Kontext, in dem das Professionelle und das Existenzielle ineinander verwoben sind. Wir sind Menschen, die anderen Menschen zur Seite stehen, wir werden berührt von diesen Situationen, manchmal mehr, als wir vielleicht wollen. Im Erleben dessen, wie eine Existenz sich auf- und abzulösen beginnt, werden wir auf unsere eigene Endlichkeit verwiesen und immer wieder auch auf die Erfahrungen, die wir damit schon gemacht haben. Unser Leben wird im Begleiten mit dem Leben und Sterben des Gegenübers verwoben.

Scheinbar diametral stehen sich unsere gelernte Vorstellung von professioneller Distanz und das Erleben gegenüber, dass sterbende Menschen Nähe brauchen und auch uns ihre Nähe schenken. Wie also kann Sterbebegleitung »professionell« sein?

Professionalität könnte in unserem Kontext heißen:

- Wir bilden uns ständig fort und setzen das gewonnene Wissen auch um.

Leidfaden, Heft 4 / 2023, S. 14–17, ISSN (Printausgabe): 2192-1202, ISSN (online): 2196-8217, © 2023 Vandenhoeck & Ruprecht

- Wir arbeiten an unserer Selbstreflexion und lernen immer mehr unsere eigene Geschichte und Beziehung zum Thema Sterben, Tod und Trauer kennen.
- Wir denken systemisch und (be-)achten das soziale Umfeld und Netzwerk des betroffenen Menschen.
- Wir kennen und achten die Lebensgeschichte des betroffenen Menschen und sein Gewordensein.
- Wir üben uns darin, die Dinge und Menschen nicht zu beurteilen, und hören auf zu wissen, wie alles hätte viel besser gemacht werden können.
- Wir bekennen uns dazu, dass wir nicht für alles eine Lösung haben, und wissen, dass manches unlösbar bleiben wird.
- Wir wissen um unsere eigenen Grenzen, zum Beispiel beim Thema Ekel.
- Wir leben das, was mit »hospizlicher Haltung« gemeint ist, die stets von Respekt vor und für den anderen und von Achtsamkeit uns selbst gegenüber geprägt ist.
- Wir wissen um unsere Kraftquellen und um das, was uns selbst trägt und tröstet.

Sterben ist und bleibt ein Grenzbereich, Hospize und Palliativstationen sind also »Grenzstationen«. Das heißt auch, dass Grenzerfahrungen und Grenzverletzungen zu unserem Alltag gehören. Diese sind beidseitig – von Seiten der Sterbenden genauso wie von Seiten der Begleitenden.

Sterbende haben oft das Gefühl, sie hätten nichts mehr zu verlieren, und wirken mitunter schonungslos offen, rücksichtslos und egozentrisch. Gleichzeitig werden sie dünnhäutig, empfindsam, alle »Antennen« scheinen viel empfänglicher als bisher – somit sind Verletzungen vorprogrammiert, die wir überhaupt nicht beabsichtigt hatten. Grenzerfahrungen also auch hier, darin viel Nähe und gleichzeitig eine unfassbar schmerzhafte Distanz, die niemals aufzuholen ist, mag der sterbende Mensch ein noch so nahestehender sein. Die Wege scheiden sich. Das ist nicht zu überspüren. Dabei bekommt jedes Gefühl von Nähe ein ganz neues und anderes Gewicht und Gesicht.

Unsicherheit wohnt dem Sterben zutiefst inne

Sterben und die Begleitung von Sterbenden sind also existenzielle Erfahrungsräume. Dinge und Rollen fühlen sich plötzlich unklar und unbekannt an – weil im Sterben so vieles unbekannt ist, weil es nicht geübt und nicht vorweggenommen werden kann, auch wenn wir noch so lange im Thema tätig sind. Unsicherheit ist ein Gefühl und Erleben, das sowohl Sterbende als auch die Umgebung benennen. Die Mitteilungen des sterbenden Menschen, ob verbal oder nonverbal, richten sich plötzlich nicht mehr an unsere Rolle und Funktion, sondern wir sind gemeint als Menschen, als Mitmenschen. »Was glauben Sie, wie es nach dem Tod weitergeht?«, »Meinen Sie, mein Sohn kann mir jemals verzeihen?« – natürlich, ich habe ja Gesprächsführung gelernt und kann »professionell« darauf reagieren. Aber dann ist unter Umständen das innere Fenster des sterbenden Menschen ganz schnell geschlossen, denn er spürt, ob ich mich der Frage wirklich aussetze oder ob ich eine Rückfrage starte, »weil man das eben so macht« in der professionellen Kommunikation. Es geht hier aber nicht mehr oder nicht mehr nur um die Rolle oder Funktion, die ich natürlich immer auch auszufüllen habe. Ich bin in allem auch ein Mensch und eine Persönlichkeit und meist bin ich auf dieser Ebene angefragt, was ich glaube, wie es nach dem Tod weitergeht – nicht oder erst in zweiter Linie als »Fachfrau«.

Allerdings lauert da in mir die Frage, wie das ist mit der Nähe, und die Mahnung, dass ich doch nicht die Freundin meiner Patienten werden oder quasi ein Familienmitglied werden kann. Ich darf nicht den Platz einnehmen, an den die Ehefrau gehört. Das stimmt alles.

Wie also kann es gelingen, eine Nähe zu leben, die nicht überbordend wird, nicht unan-

Wir bewegen uns in einem Kontext, in dem das Professionelle und das Existenzielle ineinander verwoben sind. Wir sind Menschen, die anderen Menschen zur Seite stehen, wir werden berührt von diesen Situationen, manchmal mehr, als wir vielleicht wollen.

© Bernhard Moser: 3 Narrante a piacere / www.farbebewegt-plus.ch

gemessen, die mich nicht belastet, sondern für beide Seiten wohltuend ist, eine Nähe, die weiterführt auf dem Sterbeweg? Ich bin überzeugt davon, dass nicht Nähe, sondern Distanz zu Sterbenden unprofessionell ist. Hospizarbeit ist immer Beziehungsarbeit, und zwar insbesondere mit den sterbenden Menschen und den ihnen Nahestehenden. Es gibt selten Begegnungen, die so »pur« sind, so unverstellt, in denen vieles so egal wird, was zuvor wichtig erschien – vielleicht am ehesten noch in Kreißsälen, wo es um ein ähnlich zutiefst existenzielles Erleben geht wie beim Sterben. Zu den Sterbenden sind es Beziehungen auf Zeit, absehbar, sie dauern selten lange und enden mit hoher Wahrscheinlichkeit mit dem Tod des anderen.

Warum also sollten wir Distanz halten, denn sie sterben nur einmal – sie sterben nur einmal für uns, unsere Lehrmeisterinnen und Lehrmeister, schreibt Hilde Domin. Durch sie können wir vielleicht lernen, was für uns wesentlich ist im Leben und was wir selbst einmal nicht sagen müssen wollen auf dem Sterbebett.

Professionelle Nähe statt professioneller Distanz

Die Professionalität in der Nähe besteht für mich darin, mich ganz bewusst nicht nur in den äußeren, sondern auch in den inneren Kontakt zu begeben, mich anrühren und berühren zu lassen, mich zu zeigen auch als Mensch und dabei immer auch zu wissen, ich bin nicht die Einzige, nicht die Wichtigste, nicht die Nahestehendste. Es ist keine private, intime Beziehung, und wenn ich nicht da bin, ist es jemand anderes, der oder die alles genauso gut macht. Ich tue das alles nicht, um mich selbst gut zu fühlen. Ich weiß um meine Motive. Ich bin ganz da, wenn ich da bin, mit allem, was mir menschlich und fachlich zur Verfügung steht und was ich zur Verfügung stellen kann.

Ich stelle mich dem Thema, der Situation, den Personen. Das vielleicht Wichtigste in dieser Art

von Selbstverständnis: Ich bin ersetzbar, es geht auch ohne mich, und daher kann ich getrost sein, wenn ich im Urlaub bin oder wenn ich Feierabend habe. Vielleicht bin ich manchem Menschen nähergekommen, als ich es mir vorstellen konnte. Vielleicht nehme ich manchmal einen Menschen im Geiste mit nach Hause, aber ich weiß, er ist gut versorgt, und ich kann einfach freundlich-wohlwollend an ihn denken. Es kommt auf mich an, aber es kommt nicht *nur* auf mich an, und letztlich kommt es vielleicht gar nicht auf mich an. Ich selbst sollte nicht im Mittelpunkt meiner Bemühungen stehen, so könnte ich es vielleicht ein wenig streng formulieren. So kann ich berührbar sein und bleiben, ohne in eine Distanz flüchten zu müssen, die mich und mein Gegenüber unzufrieden zurücklässt.

Professionelle Nähe als Haltung

Nähe und Professionalität sind also kein Widerspruch, sondern gehören gerade in der Hospiz- und Palliativarbeit zutiefst zusammen. Davon bin ich überzeugt und bin auch nach dreißig Jahren in der Hospizarbeit noch immer berührt davon, was dieses Verständnis und die Haltung, die dahintersteht, an Begegnungen möglich machen. Es sind Begegnungen, die uns nicht belastet zurücklassen, sondern als Beschenkte. Um beschenkt zu werden, dürfen wir solche Begegnungen jedoch nicht suchen. Aber das ist eine andere Geschichte.

Susanne Kränzle ist Pflegefachkraft und hat einen Masterabschluss in Palliative Care. Sie leitet das Hospiz Esslingen.
Kontakt: s.kraenzle@hospiz-esslingen.de
Websites: www.hospiz-esslingen.de,
www.hpvbw.de

Berührungen im ärztlichen Beruf

Thomas Bein, Bernd Schönhofer, Sandra Apondo

Ärzte[1] und Patienten begegnen sich – mit Berührungen

Die häufigste Berührung zwischen zwei Menschen ist wahrscheinlich der Handschlag. In den westlichen Ländern beziehungsweise in der europäischen Kultur stellt das Handgeben ein Begrüßungs- und Verabschiedungsritual dar; entwicklungsgeschichtlich hat sich der Handschlag wohl aus dem Winken entwickelt als Zeichen für die Darbietung der leeren Waffenhand. Die Berührung zweier Hände ist ein erstes taktiles Kennenlernen, das auch uns Ärzte mit den Patienten verbindet, obwohl – vor allem seit der COVID-Ära – aus hygienischen Aspekten zur Begrüßung häufiger Alternativen zum Händeschütteln (wie zum Beispiel eine angedeutete Verbeugung) praktiziert werden.

Wir drei Ärzte möchten schlaglichtartig einige Bedeutungen der Berührungen aus unseren drei beruflichen Perspektiven beleuchten: der Intensivmedizin, der Pneumologie und der Psychiatrie. Außerdem verbindet uns die gemeinsame Erfahrung als Patienten. Als Krebspatienten wurden und werden wir gleichfalls von unseren Ärztinnen oder Pflegenden entlang eines großen Spektrums berührt: körperlich und emotional, vorsichtig und invasiv. In diesem Artikel geht es um einige Denkanstöße zu Voraussetzungen, Grenzen, Risiken und Sinn von Berührungen.

Das Wesen von Berührungen – Bedeutung für den medizinischen Kontext

Berührung erfasst in existenzieller Weise das Spannungsfeld von Nähe und Distanz. Berührung kann in der nonverbalen Kommunikation eine in-

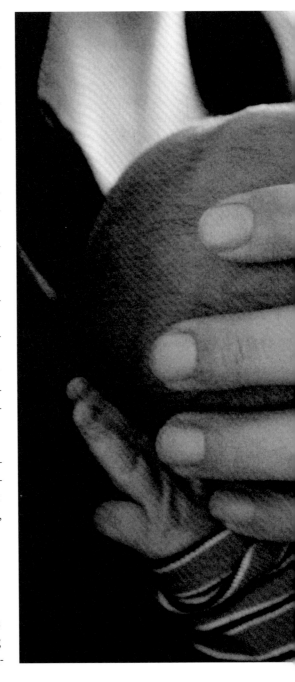

tensive Wirkung haben und manchmal ausdrucks-stärker sein als das gesprochene Wort. Berührung betont das Wirklichkeitsverhältnis in einer Beziehung, denn das, was wir berühren können, ist real.

Schon der neugeborene Mensch ist in seiner Entwicklung in existenzieller Weise abhängig von Berührungen, und der vertrauensvolle und sichere Schritt in die Welt mit ihren Gefahren und Konflikten gelingt nur dann, wenn sich unmittelbar nach der Geburt ein enges und liebevolles Berührungsgeflecht zwischen Mutter/Vater und Säugling aufbaut. Die englische Anthropologin und Forscherin Paquita de Zulueta schreibt: »touch is more powerful than language and central to human life« (2020, S. 595).

Berührungen zwischen Menschen sind seit Beginn der Menschheit von existenzieller Wichtigkeit für die Kommunikation. Eine angemessene und zufriedenstellende Berührung bewegt sich allerdings auf einem schmalen Grat zwischen zu wenig und zu viel. Denn von Berührungen gehen auch Gefahren aus, und im Begriff »Hand an etwas legen« schwingt durchaus ein aktivistischer Unterton mit. Berührung kann unangemessen, beschämend und sogar gewaltsam sein, und sie kann in besonderer Weise Macht und Abhängigkeitsstrukturen verdeutlichen oder weiter vertiefen.

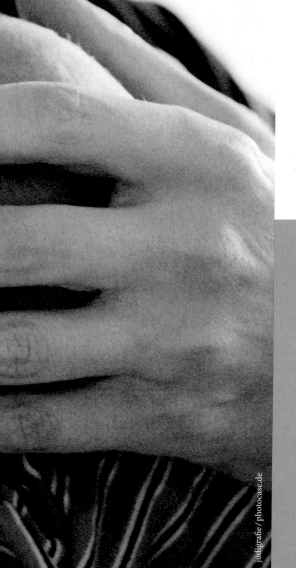

judigrafie / photocase.de

Schon der neugeborene Mensch ist in seiner Entwicklung in existenzieller Weise abhängig von Berührungen, und der vertrauensvolle und sichere Schritt in die Welt mit ihren Gefahren und Konflikten gelingt nur dann, wenn sich unmittelbar nach der Geburt ein enges und liebevolles Berührungsgeflecht zwischen Mutter/Vater und Säugling aufbaut.

Berührungen im medizinischen Alltag

In Medizin und Pflege sind Berührungen allgegenwärtig. Der manuell untersuchende Arzt tastet, drückt, kneift oder klopft. Dieses Ritual der körperlichen Untersuchung ist seit dem Beginn der Heilkunde nicht nur als diagnostisches Verfahren, sondern auch für die Vertrauensbildung in der Arzt-Patient-Beziehung sehr bedeutsam. Berührungen sind oft die Initiation einer gelungenen Beziehung zwischen Patienten und ihren Helfenden, idealerweise mit Präsenz, Sensibilität und Achtsamkeit. Die während eines belastenden Gesprächs – zum Beispiel im Rahmen des Überbringens einer ungünstigen Diagnose – feinfühlig aufgelegte Hand auf den Arm des Patienten kann wohltuend und entlastend sein, wenn der Arzt damit ausdrückt: *Ich bin körperlich und emotional ganz bei dir.* Kommt es zum Beispiel nach der Mitteilung einer Krebsdiagnose zu einem Verstummen oder Weinen des Patienten, wird ein Handauflegen auf die Schulter im Schweigen sehr wertvoll, wenn nicht gar stabilisierend sein.

Der Berührende muss allerdings spüren, ob das Gegenüber *berührt werden will.* Manchmal signalisiert die Körpersprache ein »rühr mich nicht an«, und dieses Signal ist selbstverständlich zu respektieren. Vermeintlich gut gemeinte Berührungen – beispielsweise ein herz- und kumpelhaftes »auf die Schulter klopfen« – können die fragile Nähe-Distanz-Beziehung überspannen und Patient wie Arzt gleichermaßen irritieren. Aber auch eine distanzierte Körpersprache des Arztes, die Verschränktheit (oft im wahrsten Sinne des Wortes bei einer Verschränkung der Arme) und kühle Abgewandtheit ausdrückt und möglicherweise – außer eines »kräftigen« Händedrucks zur Begrüßung – keine weitere, und sei es noch so beiläufige, Berührung erlaubt, übergeht die Schutz- und Vertrauensbedürfnisse der Patienten. Die Fähigkeit zur heilenden Berührung gründet auf einer inneren Haltung, und fast müsste man sagen: einer *Kunde,* die vielen Menschen – aber eben nicht allen Menschen – gegeben ist, die aber eine unverzichtbare Voraussetzung für gelungene ärztliche Zuwendung darstellt. Daher ist es uns sehr wichtig, dass den Studierenden die *Kunst des achtsamen Berührens* bereits während der medizinischen Ausbildung an konkreten Vorbildern oder in selbsterfahrungsorientierten Rollenspielen vermittelt wird.

Berührungen im Zeitalter einer hochtechnisierten Medizin

In den letzten Jahrzehnten hat sich die Medizin grundsätzlich gewandelt und ist zu einem hochtechnisierten, fast industriell anmutenden Komplex geworden, der bei vielen Menschen durchaus eine Ambivalenz erzeugt: auf der einen Seite die große Bandbreite von diagnostischen und therapeutischen Möglichkeiten mit der Chance verbesserter Lebenserwartung auch bei schweren Erkrankungen. Man denke an neuere diagnostische Verfahren wie die PET-CT oder an ausgefeilte Operationstechniken, aber auch an die Forschungserfolge in der Krebsmedizin. Auf der anderen Seite sind diese Fortschritte mit einem hohen Technisierungsgrad, einer zunehmenden Personaldichte und mit streng getakteten und durchorganisierten Prozessen zwischen Arzt, Pflege und Patient verknüpft. Berührungen haben damit verbunden einen Wandel in ihrer unmittelbaren Wirkung erfahren, indem sie von den ärztlichen Händen in technische Geräte übergehen. Verdeutlichen lässt sich dieser Trend am Beispiel der Ultraschalluntersuchung, die aus dem medizinischen Alltag nicht mehr wegzudenken ist. Der Ultraschallkopf in der Hand des Untersuchers stellt daher eine neue Dimension der Berührung dar, er ist sozusagen die technisch verlängerte Hand des Arztes. Berührung bedeutet nun nicht mehr ein direktes Betasten oder Handauflegen und hat somit diesen Aspekt der taktilen Qualität verloren. Dennoch: Eine präzise und kommunikativ gut begleitete Ultraschalluntersuchung kann ebenfalls

Nähe und Vertrauen herstellen und erlaubt dem Patienten einen »direkten« Einblick in den eigenen Körper. Dieses Beispiel zeigt, dass ein Paradigmenwechsel in der Berührung, nämlich der Wechsel von der *echten* manuellen Berührung zu einer *verlängerten technisierten Hand,* nicht zwingend zur Beeinträchtigung einer guten Arzt-Patienten-Beziehung führt. Entscheidend ist der Gesamtkontext sprachlicher und nichtsprachlicher Kommunikation des empathischen und achtsamen Arztes.

Berührtwerden ohne körperliche Berührung

Berührungen können in allen medizinischen Fachgebieten nicht nur wohltuend und heilsam, sondern auch ganz besonders schmerzhaft sein und Leid verursachen, und zwar sowohl auf körperlicher als auch auf psychischer Ebene. Man denke dabei an Berührungen des wunden Körpers im Rahmen von schmerzhaften Eingriffen oder an die emotionalen Verwundungen, die Folge geringschätziger Kommunika-

Paula Modersohn-Becker, Barmherziger Samariter, 1907 / akg-images

tion von Seiten des Fachpersonals sein können und bei Patienten womöglich zu anhaltend negativen Folgen führen – bis hin zu einem vollständigen Vertrauensverlust in das medizinische System. In psychischer Hinsicht berührt zu werden, kann für Patienten zunächst verstörend und aufwühlend sein und nicht als gut gemeinte heilsame Berührung wahrgenommen werden, vielleicht gerade deshalb, weil sie an ihrem »wunden Punkt« berührt wurden. Aber erst diese unangenehme Form der (oft verbalen) Berührung kann gerade bei komplexen innerpsychischen Prozessen den Weg in Richtung Besserung, wenn nicht gar Heilung ebnen. C. G. Jung drückt dies treffend so aus: »Wer nicht berührt wird, verwandelt sich nicht«.

In der Patienten-Helfenden-Beziehung sind beide Seiten ständigen Wandlungen unterworfen, eben weil nicht nur professionelle, sondern immer auch menschliche Beziehungen zugrunde liegen. Oft sind es sogar zutiefst menschliche Begegnungen mit existenziellen Themen, in denen es für unsere Patienten wörtlich um »alles« geht: um Gesundsein oder Kranksein, um Geborgensein oder Einsamsein, um Leben oder Sterben. Auch sind wir als Vertreter der helfenden Berufe in diesem Prozess persönlich berührt und manchmal auch überfordert, so dass unsere begrenzten emotionalen Ressourcen nicht ausreichen. Doch ist es in dieser Situation keine Lösung, sich emotional durch Abwehr und Distanzierung zu verschließen, sondern vielmehr, bewusst eine haltgebende Beziehung mit dem Patienten zu gestalten, in der sich die Beteiligten auf achtsame Weise berühren dürfen und berühr-bar bleiben. Im günstigen Fall kommt es dabei zu einer authentischen Begegnung zweier Menschen mit heilsamer Wirkung.

Es lohnt sich also, über Berührungen nachzudenken. Ihr »Gelingen« ist nichts Selbstverständliches. Sie können genauso Geschenke wie Belastungen sein. Gute Berührung reflektiert eine Haltung, die erlernt werden möchte.

Prof. Dr. med. **Thomas Bein**, M.A. (Medizinethik), Facharzt für Anästhesiologie, European Diploma Intensive Care (EDIC), bis 2022 Lehrauftrag für das Fach »Geschichte, Theorie und Ethik in der Medizin«.
Kontakt: Thomas.Bein@klinik.uni-regensburg.de

Prof. Dr. med. **Bernd Schönhofer**, Facharzt für Innere Medizin, Pneumologie, Intensivmedizin und Schlafmedizin, ist Chefarzt der Klinik für Innere Medizin, Pneumologie und Intensivmedizin im EvKB und Professur für Pneumologie in der Universitätsklinik OWL, Bielefeld.
Kontakt: bernd.schoenhofer@t-online.de

Dr. med. **Sandra Apondo**, MHBA, BA, Fachärztin für Psychiatrie und Psychotherapie am Universitätsklinikum Heidelberg.
Kontakt: sandra.apondo@gmail.com

Literatur

Apondo, S.; Bein, T.; Schönhofer, B. (2022). Diagnose Krebs – wenn Ärzte schwer erkranken. In: Deutsche Medizinische Wochenschrift, 147, S. 807–810.
Bein, T. (2021). Ins Mark getroffen – was meine Krebserkrankung für mich als Intensivmediziner bedeutet. München.
Emrich, H. M. (2011). Liebe als Berührung: Zur Tiefenpsychologie von Nähe und Distanz. In: Internationale Zeitschrift für Psychologie und Psychosomatik (IZPP), 2. Themenschwerpunkt »Liebe und Hass«.
Jung, C. G. (1964/2012). Der Mensch und seine Symbole. Ostfildern.
Schigl, B.; Siller, B.; Hofer-Moser, O. (2022). Körperliche Berührung in der Psychotherapie. In: Journal für Psychologie, 30, 2, S. 29–49.
de Zulueta, P. (2020). Touch matters – COVID-19, physical examination, and 21st century general practice. In: British Journal of General Practice, Dec 2020.

Anmerkung

1 Im Zuge der besseren Lesbarkeit wurde auf sprachliches Gendern verzichtet und die männliche Form verwendet. Selbstverständlich sind alle Geschlechter gleichermaßen gemeint.

Aus der Routine hin zur bewussten Berührung – Berührung im pflegerischen Kontext neu gedacht

Petra Renz und Andrea Albrecht

Ressourcen aus früheren Krisenerlebnissen

Onkologische Erkrankungen stellen nicht nur die Medizin, sondern auch die onkologische Pflege vor Herausforderungen. Immer noch treten stark belastende Symptome auf. Gerade in dieser krisenhaften Situation benötigen Betroffene – also Erkrankte wie auch An- und Zugehörige – eine besondere, intensive Begleitung durch fachweitergebildete Pflegekräfte. Das *Onkologische Konsil Pflege* am Universitätsklinikum Tübingen berät, betreut und begleitet die Betroffenen. Mit Übernahme der »Patientenrolle« bei der stationären Aufnahme liegen bisherige Erfahrungen und Ressourcen des oder der Betroffenen oftmals brach – etwa im Umgang mit früheren Krisen und Symptomen –, die im Rahmen der Beratung wieder identifiziert und aktiviert werden, um zurück zur Handlungsfähigkeit zu kommen. Grundlage dafür ist die lösungsorientierte Beratung (Bamberger 2022), in der pflegerische, also nichtmedikamentöse Maßnahmen fokussiert und

Paula Modersohn-Becker, Hände mit Kamillenblume, 1902 / akg-images

durch nonverbale Maßnahmen komplettiert werden. Letztgenannte bauen eine Brücke zu den Betroffenen, besonders da, wo verbale Kommunikation überfordert, wo diese nur eingeschränkt oder gar nicht mehr möglich ist.

Warum sind Berühren und Berührtwerden so wesentlich?

Berühren und Berührtwerden sind lebensnotwendige menschliche Erfahrungen. Sie sind ein existenzielles Bedürfnis nach Nähe, Geborgenheit, Sicherheit und vermitteln Ruhe, Vertrauen, Hoffnung, Zuwendung und das Gefühl, nicht allein zu sein. Berührung und körperliche Wahrnehmung sind eng mit gesundheitlichen Prozessen verbunden (Grunwald 2017).

Berührung gehört zum Pflegealltag. Der körperliche Kontakt kommt in mehr als 60 Prozent aller pflegerischer Interaktionen vor, wobei oft routinemäßig berührt wird, ohne zuvor um Erlaubnis zu fragen. Die Berührungsbiografie bedingt das aktuelle Erleben, auch, ob die Berührung als angenehm oder unangenehm empfunden wird.

Wie wird bewusst in der Pflege berührt? Wie läuft die Berührung ab?

Das pflegerische Berührungskonzept *respectare®* (Berggötz 2013) fördert die Achtsamkeit, Wertschätzung und Aufmerksamkeit sowohl beim Berührenden als auch beim Berührten beziehungsweise bei der Berührten. Es wird nicht *am* Betroffenen durchgeführt, sondern *mit* ihm zusammen.

Sie beginnt mit der Erlaubnisfrage: »Darf ich Sie berühren?« Entgegen der oftmals ungefragten Berührung im Pflegealltag wird hier die Berührung erst begonnen, wenn der zu Berührende zugestimmt hat. Dazu werden bewusste, einfühlsame und großflächige Streich- und Kreisbewegungen mit oder ohne Öl (vorzugsweise Olivenöl) anhand eines klar strukturierten Vorgehens (»ritualisiert«) an Arm/Hand, Fuß/Bein, Rücken, Bauch oder im Gesicht durchgeführt. Dies kann durch (Entspannungs-/Lieblings-)Musik intensiviert werden. Am Ende der Berührung wird ein Dank ausgesprochen: »Danke, dass ich Sie berühren durfte.« Die Berührung nimmt etwa 10 Minuten in Anspruch, dazu kommen ca. 15 Minuten des Nachspüren-Lassens – Letzteres ohne Anwesenheit der Berührenden, in einer Situation, in der weiterhin eine störungsfreie Atmosphäre gewährleistet werden sollte.

Wie wirkt sich die bewusste Berührung aus?

Durch das bewusste Berühren wird unter anderem das Hormon Oxytocin ausgeschüttet. Zusammen mit wahrgenommener Präsenz und Achtsamkeit wird es als »Bindungshormon« bezeichnet – es wirkt beruhigend, vermittelt Geborgenheit und Nähe, fördert Stressresistenz und -abbau wie auch körperliche und psychische Stabilität. Der kommunikative Prozess vermittelt ein Gefühl der Bewusstheit und vermehrten Körperwahrnehmung, ermöglicht einen tiefergehenden Beziehungsaufbau und Symptomreduktion. Da die Berührungsbiografie der oder des Berührten nicht immer bekannt ist, ist eine besondere Aufmerksamkeit und Achtsamkeit während der Durchführung bedeutend.

respectare® ist ein Zusammenspiel von indischen (beruhigende) und schwedischen (anregende) Berührungen sowie Reflexologie (kreisförmig). Die Berührungsqualität wird beeinflusst durch Aspekte wie Dauer, Tempo, Intensität und Kontaktfläche, Körperregion, Rhythmus und Abfolge der Streichungen. Bestimmt wird sie auch durch die Haltung der Durchführenden gegenüber den Berührten, etwa durch Ruheausstrahlen, Respekt, Einfühlsamkeit, Bewusstheit, Achtsamkeit, konzentrierte Klarheit. Situative Bedingungen wie Atmosphäre, Räumlichkeit, Anwesende, Störungen, aber auch Umgebungstemperatur und Lärm sind auch bedeutend.

Wann wird respectare®konkret eingesetzt?

respectare® wird seit 2017 aktiv durch zwei Mitarbeiterinnen des Onko-Konsils Pflege am Universitätsklinikum Tübingen umgesetzt. Ca. 20 Prozent der betreuten Betroffenen nehmen das Angebot an. So konnten seit Konzepteinführung insgesamt 1531 Berührungen durchgeführt und dokumentiert werden. Da die Betroffenen die Häufigkeit der Konsilkontakte selbst bestimmen, reichen die Durchführungen von 1 bis 19 Mal.

Was äußern Betroffene vor und nach dem Berührtwerden? Wie erleben sie Berührung?

Betroffene berichten von einer würdevollen und kompetenten Unterstützung, von einem Gefühl des Angenommen-Seins und des Ernstgenommen-Werdens, der Verbesserung des Wohlbefindens und vor allem der Symptomreduktion. Konkrete Äußerungen sind in der Übersicht exemplarisch dargestellt:

Art	Symptom	Äußerungen des/der Betroffenen	
		vor Berührung	**nach Berührung**
		Hand-/Armberührung	
sitzend	äußere Unruhe	»Ich bin so unruhig und muss ständig was machen mit meinen Händen.«	»Das ist sehr angenehm und beruhigend, was Sie gerade machen. Ich spüre, dass die Hände warm werden.«
sitzend	(Phantom-)Schmerz	»Ich halte meine extremen und gewaltigen Schmerzen nicht mehr aus, bitte helfen Sie mir.«	»Danke, ich spüre, dass der Schmerz nachlässt, ich meinen Arm anders spüre. Können Sie morgen wiederkommen?«
Rückenlage ohne Musik	Atemnot	»Ich kann heute nicht sprechen, da meine Atemnot zugenommen hat.«	Die Betroffene ist eingeschlafen, Rückgang der Tachypnoe. Angehörige: »Vielen Dank für die Zuwendung an meine Mutter!«
Rückenlage ohne Musik	Anspannung	»Ich habe Sorge vor der OP, vor allem wie es meine Familie macht, wenn ich nicht zu Hause bin.«	»Das ist sehr schön, dass Sie vor der OP noch kommen, die Berührung hat mich gestern schon sehr beruhigt, heute auch, so dass ich entspannter in den OP kann. Ich werde gleich einschlafen.«
Rückenlage ohne Musik	Sterbebegleitung	»Ich finde meine innere Ruhe nicht.«	»Schön, dass Sie mich berührt haben, Ihre warme Hand ist sehr wohlwollend. Ich bin sehr erschöpft, werde bestimmt gleich einschlafen. Können Sie morgen wiederkommen?«
Rückenlage mit Musik	innere Unruhe	»Ich kann nicht verstehen, dass ich einfach so plötzlich krank bin ohne Vorzeichen. Ich mache Sport, ernähre mich ausgewogen und jetzt gleich so eine Diagnose. Ich bin sehr angespannt.«	»Vielen Dank, dass Sie da waren. Die Berührung und die Musik waren sehr angenehm, ich werde nun ein bisschen schlafen, um mich zu erholen, damit ich für die weiteren diagnostischen Maßnahmen wieder aufnahmefähig bin.«
Rückenlage mit Musik	Panikattacken aufgrund Platzangst	»Helfen sie mir, dass ich diese Panikattacke überlebe.«	»Das ist sehr wohltuend. Ich mache die Augen zu, vielleicht kann ich einschlafen.«
		Bauchberührung	
Rückenlage	Obstipation/Flatulenz	»Ich fühle mich sehr unwohl, mein Bauch spannt und drückt, ich finde keine gute Lage.«	»Das, was Sie machen, ist sehr angenehm, wohltuend. Das Druckgefühl geht deutlich zurück. Ich schlafe gleich ein.«

Art	Symptom	Äußerungen des/der Betroffenen	
		vor Berührung	nach Berührung
	Fußberührung		
Rückenlage	Übelkeit	»Das Team macht alles, aber meine Übelkeit ist so prägnant, dass ich meinen Tagesablauf nicht durchführen kann.«	»Das ist sehr wohlwollend, es ist angenehm, was Sie machen. Vielen Dank. Ich werde jetzt schlafen und mich erholen.«
	Ödeme (Füßen)	»Ich kann meine Füße gar nicht mehr richtig bewegen.«	»Sehr angenehm, die Füße werden wärmer und ich kann die Zehen wahrnehmen.«
	Polyneuropathie	»Meine Füße sind sehr unangenehm, ich spüre sie seit ca. 4 Monaten nicht mehr.«	»Ich bin sprachlos, heute habe ich zum ersten Mal meine Füße wieder gespürt. Ich habe das Gefühl, dass sie wärmer sind als sonst.«

Folgendes Beispiel zeigt auch exemplarisch den Effekt von respectare® auf Angehörige.

> Die Familienmitglieder sind in den letzten Tagen bei ihrer nicht mehr ansprechbaren Mutter im Zimmer anwesend. Sie waren aufgrund der aktuellen und für sie neuen Situation verzweifelt, angespannt, rastlos und gingen unruhig im Raum umher. Als sie bei der Anwendung der sterbenden Mutter dabeiblieben und auch interessiert zusahen, wurden sie zusehends ruhiger und gelöster, konnten sich sogar setzen, ihre Blicke wirkten erleichtert. Ihre Aufmerksamkeit und Konzentration konnten sie auf die sterbende Mutter richten, was im Vorfeld nicht möglich war – die Atmosphäre entspannte sich zusehends und die Angehörigen ließen sich auf die aktuelle Situation ein.

respectare® wird von den meisten Betroffenen sehr gerne angenommen und wird bei mehrmaligen Kontakten oft sogar eingefordert. Durch die wertschätzende Berührung, durch das Zusammenspiel von Berührung und Wahrnehmung entsteht ein angenehmes Körpergefühl, ein Sich-selbst-Spüren.

respectare® ist sehr gut in den Pflegealltag zu integrieren, denn es werden keine zusätzlichen Materialien benötigt, sondern in erster Linie lediglich die Hände und Handtücher. Diese Art der Berührung ist nicht zeitaufwendig, ergänzt das pflegerische Handlungsspektrum und wirkt deutlich im Symptommanagement bei Übelkeit und Erbrechen, Unruhe, Schmerzen, Atemnot, Obstipation. Betroffene kommen zur Ruhe, können loslassen, schlafen sogar ein. Sie berichten von einem größeren Wohlbefinden und erfahren also rundweg eine Steigerung ihrer Lebensqualität.

Berührung ist eine der natürlichsten Fähigkeiten des Menschen und muss nicht erst mühsam erlernt werden. Auch Angehörige können in respectare® angeleitet werden. Dadurch können sie in der schweren Krankheitssituation auch wieder einen Zugang zu sich selbst und zu Betroffenen finden, wodurch verbale und/oder nonverbale Kommunikation vertieft und intensiviert werden kann.

Petra Renz, Diplom-Pflege- und Gesundheitswissenschaftlerin, MSc. Palliative Care, arbeitet in der Stabsstelle der Pflegedirektion KV 4, Teamleitung Schwerpunkt Qualitätsentwicklung und Pflegeberatung am Universitätsklinikum Tübingen. Kontakt: petra.renz@med.uni-tuebingen.de

Andrea Albrecht, Fachkrankenschwester für Onkologie und Palliative Care, Anleiterin für respectare®, arbeitet im Onkologischen Konsil Pflege des Universitätsklinikums Tübingen.

Kontakt: andrea.albrecht@med.uni-tuebingen.de

Literatur

Bamberger, G. (2022). Lösungsorientierte Beratung: Praxishandbuch. 6. Auflage. Weinheim.

Berggötz, A.; Laves, U. (2013). Kinder respektvoll berühren. Hildesheim.

Grunewald, M. (2017). Homo hapticus. Warum wir ohne Tastsinn nicht leben können. München.

Berührung bewegt – Bewegung berührt
Wenn Physiotherapie mehr ist als nur eine Behandlungseinheit

Cornelia Prasch

In vielen Fortbildungen wird geschult, wie wichtig die ganzheitliche Betreuung und Behandlung von erkrankten Personen mit palliativer Versorgung ist. Die Literatur beschreibt detailliert das »Total Pain Konzept« von Cicely Saunders. Den Menschen wahrnehmen mit seinen Schmerzen, die physisch, psychisch, sozial und spirituell sein können. Und so nähern wir uns diesem Behandlungskonzept an. Jedes einzelne Mitglied des multiprofessionellen Teams versucht seine Expertise einzubringen, um die Lebensqualität der Betroffenen und deren An- und Zugehörigen zu verbessern und ihnen ein würdevolles Lebensende mit bestmöglicher Selbstständigkeit und Selbstbefähigung zu ermöglichen (Prasch und Simader 2022, S. 304).

»Es gibt kein besseres Gefühl, als allein zurechtzukommen und so wenig Hilfe wie möglich von außen zu benötigen.« (Beate G.)

Das folgende Fallbeispiel berichtet von einer physiotherapeutischen Begleitung in einem Seitental in Kärnten bei Familie G., hoch über einer kleinen Gemeinde, mit Blick auf die Kärntner Berge.

Willi G. (87 Jahre) lebt dort in seinem Haus mit seiner Ehefrau Brigitte (81 Jahre) und seinem Enkelsohn Markus (29 Jahre). Die großelterliche Wohneinheit befindet sich im zweiten Stock. Das Erdgeschoss wird gerade von der Familie für die Großeltern barrierefrei umgebaut. Willis Sohn und die Schwiegertochter Beate betreiben im ersten Stock einen kleinen Elektroinstallationsbetrieb und sind täglich vor Ort. Im kleinen Wohnzimmer im zweiten Stock wurde ein Pflegebett aufgestellt, in dem Willi nun seit zwei Tagen liegt. Er ist gerade von einem Krankenhausaufenthalt nach Hause gekommen, nachdem er sich vier Wochen zuvor bei einem Sturz den Oberschenkelhals gebrochen hatte. Willi arbeitete vor seiner Pensionierung bei der Bahn und ist durch und durch ein Familienmensch. Nun liegt er in seinem Pflegebett auf einer Anti-Dekubitus-Matratze, ist verwirrt, kann sich nicht allein aufsetzen und braucht Unterstützung in allen Lebenslagen. Sein allgemeiner körperlicher Zustand verspricht nichts Gutes. Abgemagert, kein Appetit, ein Sauerstoffgerät und ein Dauerkatheter vervollständigen das Bild von Willi G., der als Pflegefall aus dem Krankenhaus nach Hause entlassen wurde. Erschwerend kommt eine Demenzerkrankung hinzu.

Neben dem Hausarzt wird Willi von Jenny, einer mobile Hauskrankenhilfe, betreut. Michael, ein Betreuer einer 24-Stunden-Agentur, ist nun ebenfalls vor Ort und beginnt sich mit Hingabe um Willi zu kümmern. Zuletzt ist auch Conny, eine Physiotherapeutin mit einer Palliative-Care-Zusatzausbildung, mit dabei im multiprofessionellen Behandlungsteam.

Berührung bewegt

Um Willi gut vorzubereiten auf ein »bewegtes Leben«, das Willi in jedem Fall einer Bettlägerigkeit vorziehen wollte, was er auch artikulierte, förderte die Physiotherapeutin zuerst mit Berührung seine Wahrnehmung. Willi musste wieder lernen, wo sein Körper beginnt, wo sein Körper aufhört, wie sein Körper

Leidfaden, Heft 4 / 2023, S. 27–30, ISSN (Printausgabe): 2192-1202, ISSN (online): 2196-8217, © 2023 Vandenhoeck & Ruprecht

Jenzig71 / photocase.de

In diesem Fallbeispiel haben die Berührungen Willi angeregt, sich zu bewegen. Die Bewegungen wirkten sich positiv auf sein emotionales Erleben aus. So erlebten auch die betreuenden Personen eine Minderung der Stresssymptome und eine größere Arbeitszufriedenheit. Wenn Berührungs- und Bewegungsimpulse achtsam angewendet werden, wirkt sich dies positiv auf alle beteiligten Personen aus (Coch 2021)!

Physiotherapeutinnen und -therapeuten haben den Vorteil, dass Berührung zu einem integrativen Bestandteil ihrer Arbeit gehört und damit die therapeutische Intervention durch spezifische Therapietechniken und durch Berührung wirken kann.

Bewegung berührt

im Raum positioniert ist und wie sich seine Umgebung anfühlt. So begann Willis Reise zu einem selbstbestimmten Dasein trotz Krankheit.

Jede Bewegung war schmerzhaft und mit Angst verbunden, sogar das Drehen im Bett. Durch Berührungen, die Willis Körper nun regelmäßig erfuhr, bekam er die nötigen Reize, um sich selbst wieder besser zu spüren und Sicherheit zu erlangen. Es geht also um das »G'spür«, wie wir in Kärnten zu sagen pflegen. Man »be-greift« das Leben (Coch 2021)!

Holistisch gesehen werden im Körper durch Berührung feinstoffliche Prozesse aktiviert, die wesentlich zum Therapieerfolg beitragen (Luomajoki und Pfeiffer 2023). Unsere Haut ist nicht nur unser größtes Sinnesorgan, sondern auch das erste aller Sinnesorgane, welches in der Entwicklung eines Menschen entsteht. Kleine Zellen in der Haut, sogenannte Rezeptoren, nehmen Informationen auf und leiten diese ans Gehirn weiter (Wiederkehr 2017). Berührungen können schmerzlindernd und beruhigend wirken und lindern Symptome wie Angst, Depression oder Einsamkeit. Zudem fördern sie eine schnellere Heilung und erhöhen die Überlebenschancen. Dies zeigen Studien aus den USA, die alternative Therapieformen testeten (Coch 2021).

Wir befinden uns wieder bei Willi zu Hause. Nach einigen Tagen wurde das Morphium-Pflaster reduziert und Willi wurde neben seiner körperlichen Verbesserung auch von Tag zu Tag kognitiv vitaler.

Der multiprofessionelle Start war geglückt und Willi konnte sich nach zwei Wochen allein aufsetzen, schaffte mit ein wenig Hilfe den Transfer in den Multifunktionsrollstuhl und begann mit einem täglichen Übungsprogramm auf dem motorgestützten Therapiefahrrad, das für die Zeit der Therapie zur Verfügung gestellt wurde. Zuerst geschah dies passiv, das heißt, seine Beine wurden vom Therapiefahrrad bewegt. Zunehmend übernahm Willi die Kontrolle und radelte nach vier Wochen täglich 30 Minuten mit herrlichem Blick auf die Kärntner Berge. Michael war immer an seiner Seite und unterstützte Willi.

Die nächste Hürde, die Willi nun bewältigen wollte, war das Gehen. Mit Gleichgewichtsübungen, Kniebeugen, Therapiefahrrad und Gangübungen mit zwei Krücken erreichte Willi nach ein paar weiteren Wochen das Treppenhaus. Somit begann Trainingsphase Nummer drei. Und nach zwei weiteren Wochen saß

Bildnachweis: suze / photocase.de

Willi mit seiner Frau Brigitte im Garten, im Schatten seiner selbst gepflanzten Bäume. Er strahlte und erfreute sich an seiner wiedergewonnenen Lebensqualität und war sichtlich stolz, dass er es »alleine« geschafft hat.

Berührende Physiotherapie bewegt

Die Physiotherapie hat viele »Berührungspunkte« mit allen Mitwirkenden des multiprofessionellen Teams und der Familien. Sie ist in der ganzheitlichen Versorgung von Palliativpatientinnen und -patienten nicht mehr wegzudenken oder sollte dort, wo sie noch kein integrativer Bestandteil ist, unbedingt mitbedacht werden. Sie schafft Unabhängigkeit, lindert belastende Symptome und sorgt für Sicherheit und Teilhabe – und das nicht nur bei den Betroffenen selbst, sondern auch bei ihren An- und Zugehörigen. In der Physiotherapie lernen die Erkrankten und deren An- und Zugehörige, welche Belastungen akzeptabel sind, welche Hilfsmittel zur

Verbesserung der Sicherheit verwendet werden können und vor allem wie. So entwickelt sich ein starkes Vertrauensverhältnis, in dem die Expertise sehr geschätzt wird: »*Wenn ich jemanden habe, dem ich vertraue, der weiß wie mein Körper drauf ist, und der sagt, dass ich mehr schaffen kann, dann traue ich mich auch mehr zu tun.*« Diese und ähnliche Aussagen bekomme ich des Öfteren zu hören.

Die Patientinnen und Patienten sind in der Regel dann mit einer Therapie zufrieden, wenn sie das Gefühl haben, sich aktiv beteiligen zu können und »die Dinge selbst in der Hand zu haben«, da sie im Krankheitserleben oft eine eher passive Rolle einnehmen. Eine Studie aus Kanada zeigt, dass 92 Prozent aller Patientinnen und Patienten mit fortgeschrittenen Krebserkrankungen an körperlichen Übungs- und Trainingsprogrammen teilnehmen möchten und auch in der Lage dazu sind (Sheill 2021).

Wie viel Bewegung es tatsächlich sein soll, ist jedoch individuell unterschiedlich. Es gilt: Jede Bewegung, die Betroffene machen, ist besser als gar keine Aktivität. In der Regel bewegen sich schwer erkrankte Menschen eher zu wenig als zu viel, da in den Köpfen vieler Menschen fest verankert scheint, dass man, wenn man schwer krank ist, sich schonen solle.

Um eine verbesserte Lebensqualität bei Palliativpatientinnen und -patienten zu erreichen, sollte dreimal wöchentlich für mindestens 30 Minuten Bewegung stattfinden (Sheill 2021).

Noch einmal zurück zu Willi G.

Heute lebt Willi mit seiner Ehefrau Brigitte in der neuen, barrierefreien Wohnung im Erdgeschoss seines Hauses. Die Treppe in den zweiten Stock benutzt er trotzdem noch täglich. Er will schließlich nicht aus dem Training kommen.

Physiotherapeutische Berührung ist auch für Menschen wichtig, die in absehbarer Zeit sterben werden und nicht, wie Willi, ein rehabilitatives Ziel verfolgen. So können Berührungen, wie in der Anfangsphase der Therapie mit Willi beschrieben, nicht nur die Körpergrenzen wieder wahrnehmbar gemacht werden, sie geben auch Halt. Halt in der Zeit des Loslassens (Grünberger 2021, S. 350).

Cornelia Prasch, MSc ist Physiotherapeutin, Koordinatorin des fachlichen Netzwerks für Palliative Care und Onkologie von Physio Austria, Gründungsmitglied der Arbeitsgruppe »MTD-Berufe inkl. Heilmasseur*innen und Musiktherapeut*innen« der Österreichischen Palliativgesellschaft, Autorin und Referentin im Bereich Hospiz und Palliative Care.

Kontakt: pt.prasch@gmail.com

Literatur

Coch, G. (2021). respectare – Berührung als kommunikativer Brückenbau in Palliative Care. In: Zeitschrift für Palliativmedizin, 22, 4, S. 205–208. https://doi.org/10.1055/a-1388-0341

Grünberger, E. (2021). Kommunikation mit Menschen mit dementiellen Erkrankungen in Trainingstherapie bei fortgeschrittenen onkologischen Erkrankungen. In: Nieland, P.; Simader, R. (Hrsg.): Physiotherapie in der Palliative Care. Rehabilitation am Lebensende. 2. Auflage. München.

Liguori, G. (2021). ACSM's guidelines for exercise testing and prescription (American College of Sports Medicine). 11. Auflage. Philadelphia.

Lowe, S. S.; Watanabe, S. M.; Baracos, V. E.; Courneya, K. S. (2009). Physical activity interests and preferences in palliative cancer patients. In: Supportive Care in Cancer, 18, 11, S. 1469–1475. https://doi.org/10.1007/s00520-009-0770-8

Luomajoki, H.; Pfeiffer, F. (2023). Schmerzbuch Physiotherapie. München.

Prasch, C.; Simader, R. (2022). Physiotherapie in der Palliative Care. In: Likar, R.; Werni-Kourik, M.; Pinter, G.; Strohscheer, I. (2022). Palliativmedizin – Lehrbuch für Ärzte, Psychosoziale Berufe und Pflegepersonen. 3., neubearbeitete Auflage. Bremen.

Sheill, G. (2021). Trainingstherapie bei fortgeschrittenen onkologischen Erkrankungen. In: Nieland, P.; Simader, R. (Hrsg.): Physiotherapie in der Palliative Care. Rehabilitation am Lebensende. 2. Auflage. München.

Wiederkehr, G. (2017). Therapeutische Berührung – Therapeutic Touch. In: ProCare, 22, 3, S. 44–44. https://doi.org/10.1007/s00735-017-0751-y

»Berührende Seelsorge«
Von der Wechselwirkung im Beziehungsgeschehen

Eva Leuenberger-Schärer

Wie viele Hände haben Sie schon gedrückt und was passiert da eigentlich?

Ich mochte es nie, wenn mir jemand beim Grüßen seine Hand nur schlaff hinhielt. Ich erinnere mich aber auch, dass es schmerzte, wenn Erwachsene meine kleine Kinderhand zu fest zudrückten. Und erst recht reagiere ich mit Widerstand, wenn mich jemand beim Händedruck zu sich hinzieht.

Während der Pandemiezeit gab es kaum mehr Begrüßungen mit Händedruck. Oft schaute man sich dann nicht mal mehr an. Das hat sich glücklicherweise rasch wieder geändert, denn der Händedruck ist Teil unserer Kultur. Und er sagt viel aus über die Art und Weise, wie sich Personen begegnen.

Hier geht es aber um die Hände in der Seelsorge.

Wenn ich am Ende einer Andacht im Altersheim aus Pandemiegründen keine Hände drücken darf, dann ist das fast nicht durchzusetzen. Immer wieder wollen mir die Bewohnenden beim Grüßen die Hand geben. Sie wollen danken, sich verabschieden oder mich sonst berühren. Während der Coronazeit war es darum wichtig, dass wir uns bewusst in die Augen schauten.

Bildnachweis: Relief vom Sarkophag der Berührung des Kleides, 4. Jhdt., Arles, Musée Lapidaire / akg-images / Erich Lessing

Doch sobald die Pandemie abflachte, war der Händedruck sofort wieder da. Im Händedruck spüren wir einander. Da passiert etwas, das man schlecht beschreiben kann. Und offensichtlich ist es ein Bedürfnis.

Die Hände sind ein wichtiges Arbeitsinstrument

Wenn es um körperliche Berührungen geht, kommen wir nicht ohne unsere Hände aus. Sie sind feinfühlig und zugleich stark. Sie können warm oder kühl sein. Wer in der Pflege arbeitet, weiß, wie wohltuend Hände sein können, lernt aber auch die Grenzen bezüglich des Orts der Berührung, der Temperatur der Hände oder der Hygiene.

Es gibt Menschen, die erleben bei den Berührungen, dass etwas »fließt«. Die »Basale Stimulation« oder andere Therapieformen wenden solche Berührungen ganz bewusst an. Als Seelsorgende kennen wir physische Berührungen und reden gleichzeitig auch vom Berührtsein in einem anderen Sinn. Wir meinen damit, dass seelisch, spirituell etwas passiert oder »ins Fließen« kommt.

In der Bibel wird die Geschichte erzählt, wo eine Frau Jesus am Kleid berührt und geheilt wird. Interessant an dieser Geschichte ist, dass Jesus diese Berührung spürt und dass von ihm ausgehend etwas »ins Fließen« kommt, eine heilende Kraft (Lukas 8,43–48).

So gab Christus auch den Auftrag: »(...) auf Kranke werden sie die Hände legen, so wird's besser mit ihnen werden« (Markus 16,18).

Berührende Seelsorge hat diese Dimensionen ganzheitlich im Blickfeld. Sie bewegt sich dabei in Grenzbereichen. Als Seelsorgerin arbeite ich in jeder Hinsicht im Grenzbereich. Da geht es um Körperlichkeit und Spiritualität, um Diesseits und Jenseits, um Verletzungen und Heilung. Dabei laufe ich immer auch Gefahr, etwas falsch zu machen. Weil nichts zu machen auch falsch sein kann. Und wir rechnen mit der Gegenwart Gottes, die sich in der Heiligen Geistkraft offenbart, welche nicht verfügbar ist, sich aber ereignen kann.

Das Bewusstsein für den delikaten Umgang mit Grenzen gehört darum zur Professionalität der Seelsorge. Tragisch ist, wenn durch ein früher erlebtes Missachten von Grenzen jede Art von Berührung bereits verdächtig oder negativ gewer-

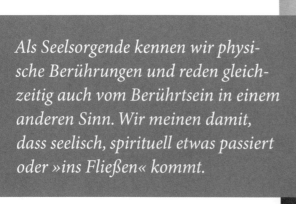

> *Als Seelsorgende kennen wir physische Berührungen und reden gleichzeitig auch vom Berührtsein in einem anderen Sinn. Wir meinen damit, dass seelisch, spirituell etwas passiert oder »ins Fließen« kommt.*

tet wird. In einem professionellen Kontext sind wir sensibel. Unser Ziel ist es, Menschen zu stärken, ihnen Gutes zu tun und Heilung zu ermöglichen. Das wollen wir transparent und in Zusammenarbeit mit unterschiedlichen Professionen tun.

»So nimm denn meine Hände« (RG 695)

Bei meinen wöchentlichen Besuchen im Altersheim werde ich von der Kollegin aus der Pflege gebeten, bei Frau B vorbeizugehen, sie liege im Sterben. Da ich Frau B seit mehreren Jahren kenne, fällt mir sofort auf, wie still es ist. Sie war eine Frau, die wegen einer Halbseitenlähmung zwar nicht mehr sprechen konnte, aber unablässig Volkslieder sang nach der Methode »Lalalalala«. So verbreitete sie Fröhlichkeit im Heim. Jetzt lag sie aber still im Zimmer. Ihr Sohn saß an ihrem Bett. Er war nervös. Er fühle sich hilflos. Auf meine Frage, was er benötige, meinte

Aubrey Westlund / photocase.de

er: »Ich weiß es nicht, bin einfach da und überfordert.« Und er bat mich zu bleiben. Frau B's Atmung setzte bereits seit einigen Stunden immer wieder aus. Sie war nicht mehr ansprechbar. Ich setzte mich hin und strich ihr sanft über den Handrücken. Die Augäpfel schienen sich hinter den Lidern zu bewegen. Und weil Frau B Lieder kannte, begann ich leise »So nimm denn meine Hände und führe mich« zu singen. Da realisierte ich, wie sich ihre Hände um die meinen klammerten. Ich sang alle drei Liedstrophen. Und während der letzten Strophe tat sie ruhig ihren letzten Atemzug.

Sprachlos und berührt blieben der Sohn und ich sitzen. Die Zeit schien stillzustehen – und nach einigen Minuten brach ich das Schweigen, indem ich sagte: »Ich denke, sie ist jetzt gegangen.«

Solche Momente sind nicht alltäglich und erst recht nicht herbeiführbar. Es hat aber etwas mit dem Zulassen und Berühren-Lassen zu tun.

Salben und Segnen

Um ein Zulassen geht es auch beim Salben und Segnen. Das ist eine alte kirchliche Tradition, die wir oft von der Krankensalbung kennen, welche in der katholischen Kirche eine Selbstverständlichkeit und ein Sakrament ist. Auch in anderen christlichen Traditionen ist das in der Seelsorge nicht wegzudenken. Beim Salben wie beim Segnen geht es um Berührungen. In der Klinikseelsorge wird man hin und wieder für eine Salbung angefragt. Wertvoll ist, wenn auch Angehörige miteinbezogen werden und mitwirken können. Der Duft des Öls, die feine Berührung, das gemeinsame Beten und Hören auf das Wort wirken entspannend und helfen loszulassen.

Am Sterbebett ist für manche Menschen der Segen ein Türöffner in die andere Welt. Ich erlebte Sterbende, die noch ihre ganze Familie segneten, aber auch Angehörige, die ihren Liebsten die Hände auflegten und sie segneten für ihren

Weg. Solche Rituale helfen über die Trennung hinweg, weil sie die Verbundenheit in Gott feiern. Trennungen, Trauer, Alleinsein, Hilflosigkeit und Abhängigkeit werden damit heilsam zur Sprache gebracht. Es muss aber nicht zwingend ein Ritual sein, um Menschen zu berühren. Manchmal sind es auch Symbole oder Musik. Solches findet sich in Liedern, vor allem auch in Psalmliedern.

Kraft der Symbole – »Macht hoch die Tür, die Tor macht weit« (RG 363)

Anfang Dezember komme ich in die Klinik für meinen Seelsorgedienst. Ich realisiere sofort, dass auf der Abteilung die Glastür verschlossen ist. Das lässt mich aufmerksam werden. Als Mitarbeiterin weiß ich wohl, wie ich da durchkomme. Ich drücke den Knopf und trete ein. Schon kommt mir eine Patientin entgegen, die wahrscheinlich gerade den Moment nutzen wollte, um zu verschwinden. Mit einer Kopfbewegung und einem Zuzwinkern gibt mir die Pflegende zu verstehen, dass die Glastür wegen dieser Frau M verschlossen sei. »Möchten Sie ausgehen?«, frage ich und halte ihr meinen Arm hin. Sie nickt und hakt sich sofort bei mir ein. Bevor wir uns vorstellen können, kommt es durch diese einladende Geste zu einer körperlichen Berührung, die zwangsläufig Nähe verschafft. Frau M leidet unter anderem an demenziellen Veränderungen. Sie kann schlecht sprechen, ihren Namen kann sie mir nicht sagen und meinen versucht sie auf dem Namensschild zu entziffern.

Da es auf der Abteilung hektisch und unruhig zugeht, führe ich Frau M in ihr Zimmer. Ich bemerke sofort, wie still es dort ist. Oder ist es Langeweile? Frau M möchte nicht allein sein und sucht Geborgenheit bei Menschen. Nun, da ich da bin, kann ich die Tür hinter mir schließen. Es kehrt Ruhe ein. Wir nehmen beide am Tisch Platz. – Und jetzt? Wir sind uns fremd, wissen noch fast nichts voneinander

und möchten eine gute Zeit verbringen. Unsere Blicke treffen sich. Frau M will sofort wieder aufstehen und »wandeln«. Erzählen kann sie mir nichts, da ihr die Sprache abhandenkommt.

Ich verlasse mich auf meine Intuition. Ob sie gern Musik möge. »Ja, schon«, findet sie. Ich erzähle ihr von der Adventszeit, die jetzt begonnen habe, und zeige ihr mein Gesangbuch. (Gesangbuch und Bibel sind meine Arbeitsinstrumente, die ich immer bei mir habe.) Sie zeigt sich interessiert und will darin blättern. Doch es wirkt eher hilflos. In Gedanken an die verschlossene Glastür stimme ich das Adventslied »Macht hoch die Tür, die Tor macht weit« an und staune nicht schlecht. Frau M beginnt sofort mitzusingen, aber nicht so, wie ich gedacht habe. Sie singt den richtigen Text und eine wunderbare Altstimme dazu. Wir suchen das Lied im Buch und singen weiter. Auch bei anderen Liedern singt sie sicher die Altstimme mit. Eine große Freude und Zufriedenheit breiten sich im Zimmer aus. Da öffnet sich die Tür, und die Pflegenden stehen davor. Sie hören uns erstaunt zu. Weitere Türen gehen auf und es verbreitet sich eine vorweihnachtliche Stimmung auf der Abteilung.

Später erst erfahre ich, dass Frau M früher mal im Kirchenchor aktiv war.

Solche Momente sind seelsorgliche Sternstunden. Ich lasse mich berühren, andere werden berührt … Musik kann berühren, Worte berühren und Handlungen tun dies erst recht.

Eva Leuenberger-Schärer, lic. Theol., VDM, Pflegefachfrau AKP, arbeitet als Gemeindepfarrerin in Lauterbrunnen (Schweiz) und als Klinik- und Heimseelsorgerin in Jegenstorf (Schweiz).

Kontakt: eva.leuenberger@kg-lauterbrunnen.ch

Literatur

Josuttis, M. (2000). Segenskräfte. Potentiale einer energetischen Seelsorge. Gütersloh.
RG – Evangelisch-reformiertes Gesangbuch (1998). Zürich.

Zwischen Macht und Hingabe
Berührungen bei Menschen mit der Diagnose »Demenz«

Erich Schützendorf

Berührungsmacht

Die Rollen in der Beziehung zwischen einem Menschen, der sich auf einen funktionierenden Verstand verlassen kann, und einem Menschen mit der Diagnose »Demenz« sind gemeinhin klar verteilt. Der eine hat das Recht zu berühren und der andere muss sich berühren lassen. Es ist offensichtlich so, dass der Verstand höherwertiger als Gefühle, Sinne und Impulse eingestuft wird, und so kann der Mensch mit Verstand, wenn er nicht nachdenkt, das Recht des Handelns einseitig für sich beanspruchen.

Er ist es, der beispielsweise auf einen Menschen mit Demenz zugeht und ihn begrüßt. Es passiert eher selten, dass er offen auf ihn zugeht, innehält und wartet, ob er begrüßt wird. Er ist es, der bei der Betreuung und Pflege die notwendigen Berührungen plant und initiiert. Dabei kann leicht übersehen werden, dass die Menschen mit Demenz nicht in erster Linie Objekte fürsorglicher Betreuung und Pflege, sondern wie alle Menschen willentlich handelnde, sich einmischende, teilnehmende und teilhabende Personen sind. Wird dieser unumstößliche Grundsatz nicht beachtet, wird leichtfertig der Wunsch dieser Menschen nach Teilhabe und dem Impuls seinerseits, den Betreuenden oder Pflegenden zu berühren, als Störung einer reibungslosen Beziehung oder einer zielgerichteten Pflege erlebt. Wer unreflektiert handelt, also auch berührt, übersieht eben schnell, dass er die Macht, die er wahrscheinlich gar nicht beansprucht, tatsächlich innehat.

Pflegebedürftigen Menschen ohne Demenz wird selbstverständlich – sowohl bei emotionalen als auch bei funktionalen Berührungen – ein Mitspracherecht eingeräumt. Ihnen wird die Absicht und Vorgehensweise erklärt, man wartet ihr Einverständnis ab und berücksichtigt ihre Wünsche. Weil bei Menschen mit Demenz diese auf Sprache und Einsicht basierende Verständigungsmöglichkeit eingeschränkt bis unmöglich ist und sie deshalb ihre Wünsche nicht ausdrücklich formulieren können, glaubt man, sie, wann immer es angebracht und notwendig erscheint, berühren zu dürfen und zu müssen. Die Absichten und Wünsche, die Menschen mit Demenz ihrerseits durch Berührungen kommunizieren, bleiben dabei oft unberücksichtigt. Wer sich also Menschen mit der Diagnose »Demenz« nähert und körperlich sehr nahekommt, sollte ihnen ein Berührungsrecht zubilligen, ähnlich wie das Mitspracherecht bei Menschen ohne die Diagnose »Demenz«. Man berührt und wird berührt und erreicht, wenn alles gut geht, ein Einvernehmen durch Berührungen statt durch Sprache.

Menschen mit Demenz berühren Gegenstände und Menschen, um sie zu »begreifen«

Wie alle Menschen nimmt auch der Mensch mit der Diagnose »Demenz« die Dinge und die Menschen in seiner Nähe mit den Sinnen wahr. Aber er kann die Sinneseindrücke und die damit verbundenen Gefühle immer seltener mit Hilfe des Verstandes ordnen und in einen allgemein anerkannten Sinnzusammenhang bringen. Nehmen wir einen Becher, der mit Wasser gefüllt ist. Der Verstand teilt dem Menschen mit Demenz nicht unmittelbar mit, dass es sich bei dem Gefäß um ein Trinkglas handelt, noch gibt er ihm eine Vorgabe,

Leidfaden, Heft 4 / 2023, S. 35–38, ISSN (Printausgabe): 2192-1202, ISSN (online): 2196-8217, © 2023 Vandenhoeck & Ruprecht

wozu er es benutzen kann. Er muss es berühren, ertasten und erfühlen. Er setzt sich mit dem Tastsinn handelnd in Bezug zu einem Gegenstand, um ihn zu »begreifen«. Dann entscheidet er, was er mit dem Becher tun will. Er kann ihn unbeachtet stehen lassen, er kann ihn festhalten oder ihn an einen »sicheren« Ort bringen. Er kann ihn aber auch als Brillenetui benutzen oder den Inhalt, das Wasser, auf den Tisch gießen oder mit dem Wasser Blumen begießen. Hin und wieder wird er sich entscheiden, aus dem Becher zu trinken.

Bei Menschen, die ihnen nahekommen, ist ihre Chance, sie durch Berührung »begreifen« zu können, gering. Bevor sie die Menschen berühren können, werden sie häufig schon berührt. Erst danach können sie reagieren und die Berüh-rung zulassen, verweigern oder aufgreifen und in eine Interaktion zu treten.

Wie bei Gegenständen können die Menschen mit der Diagnose »Demenz« auch mit Menschen auf ihre eigensinnige Art umgehen und sie aus Sicht der Menschen ohne Demenz widersinnig behandeln. Das kann bei funktionalen Pflegeberührungen zu peinlichen Missverständnissen führen. Die Pflegekraft denkt an Hautpflege, wenn sie den Körper eines Menschen eincremt. Der Mensch mit Demenz erlebt möglicherweise eine sinnliche und angenehme »Zeit zu zweit«. Dann sieht er sich ermutigt, die empfangene Zärtlichkeit zu erwidern. Er streichelt das Gesäß der Pflegekraft. Da der Mensch ohne Diagnose »Demenz« die Deutungshoheit von Erleb-

nissen für sich in Anspruch nimmt, wird er die zärtliche Berührung eher als unangenehme Belästigung oder gar Übergriff verstehen und nicht als ein von ihm ausgelöstes Spiel, auf das er sich einlassen kann oder auch nicht.

Kommunikation durch wechselseitige Berührungen

Wer einen anderen berührt, sollte sich berühren lassen, wer einem anderen körperlich nahekommt, sollte körperliche Nähe zulassen. Nur so herrscht eine partnerschaftliche Gleichrangigkeit. Neben Mimik, Gestik, Tönen und Blicken sind Berührungen eine taugliche Möglichkeit der Verständigung und Absprache.

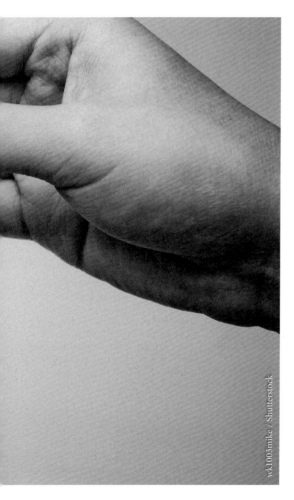

wk1003mike / Shutterstock

Grundsätzlich ist es unerheblich, wer die Initiative ergreift und wer wen als Erster berührt. Menschen mit der Diagnose »Demenz« sind in aller Regel abwartender und neigen nicht dazu, andere unvermittelt zu berühren. Wenn man also glaubt, willkommen zu sein und sich durch ein kurzes Abwarten davon überzeugt hat, kann man sich dem Menschen nähern und seine Hand zur Begrüßung erfassen. Noch besser wäre es, ihm zur Begrüßung die Hand hinzuhalten und ihm die Entscheidung überlassen, ob er sie berühren will. In der Regel löst die hingehaltene Hand einen Begrüßungsautomatismus aus. Der Mensch mit Demenz »begreift« die Hand. Dann bleibt es ihm überlassen, ob er zurückgrüßt, ob er die Hand festhält, sie tätschelt oder vielleicht küsst.

Manchmal benötigen die Menschen mit Demenz einen Impuls, damit sie bei einer Mahlzeit zum Besteck greifen. Der Helfer, der das Ziel und die schnelle Erreichung des Ziels vor Augen hat, wird ihnen die Gabel oder den Löffel in die Hand legen. Der Partner/Partnerin dagegen nimmt sich Zeit, die Menschen in die Handlung einzubeziehen. Er bietet seine Hand mit Löffel oder Gabel an und lässt sie »begreifen«. Dann finden beide den Weg zum Besteck.

Selbst beim Waschen sind einvernehmliche Berührungen möglich. Man reicht dem Menschen die Hand oder berührt ihn, bevor man seine Schutzhandschuhe überzieht und zum Waschlappen greift. So hat der Mensch Gelegenheit, sich handelnd in Bezug zu dem Pflegenden und der Situation zu setzen. Wenn man Glück hat, führt er die Hand dorthin, wo er gewaschen werden will. Ohne dieses Glück kann die Stelle, die man waschen will, mit der Hand oder einem Finger berührt werden. Dann wartet man ab, ob das Waschen an dieser Stelle erlaubt wird. Man wird dem Menschen nicht die vollständige Initiative überlassen können. Aber man kann ihn als Partner in die Handlung einbeziehen und das Vorgehen durch gegenseitiges Berühren abstimmen.

So wird Austausch von Berührungen zum Tangotanz. Zwei gleichberechtigte Partner lassen sich auf ein Wechselspiel ein. Mal gibt der eine Partner die Schrittfolge vor und der andere lässt sich darauf ein, und dann wechselt die Führung. Der andere Partner gibt vor und der eine folgt. Ein leibbezogener Austausch ist genauso wie ein verstandesmäßiger Dialog eine Kunstfertigkeit, die man einüben muss. Mit ein bisschen Übung muss es nicht bei funktionalen Berührungen bleiben. Die Pflegeperson reicht zum Beispiel einem Menschen zur Begrüßung die Hand. Der nutzt die Gelegenheit, um seine Lust auf Liebkosungen zu befriedigen. Er küsst die Hand und nun kann ein sinnliches Spiel beginnen. Die oder der Pflegende pustet in dessen Hand oder in dessen Nacken und wenn das Spiel gefällt, bietet man seinen Kopf an und lässt sich streicheln. Oder sie verteilt Creme in die Hand eines Menschen und lässt sich von ihm die Hände eincremen, und wenn es beiden gefällt, cremen sie sich gegenseitig die Hände und das Gesicht ein. Jeder kann entscheiden, ob er mitmacht bei diesem Spiel und wie lange es dauert und wann er es beenden will.

Hingebungsvolle Berührungen

Bei Menschen mit der Diagnose »Demenz« ist manche Berührung erlaubt, die unter Menschen, die Beziehungen mit dem Verstand kontrollieren wollen, ungewöhnlich erscheint. Konventionen müssen nicht eingehalten werden. Was möglich und erlaubt ist, muss durch das gegenseitige Einverständnis zum Berühren gespürt und gefühlt werden. Dazu bedarf es wie immer, wenn man vertraute Sicherheiten verlässt und Neues erprobt, einer gesunden Portion Mut.

Wenn man einen Menschen mag und ihn verwöhnen will, darf man mit ihm schmusen, kuscheln und zärtlich sein, solange er für die Liebkosungen empfänglich ist und ihnen zustimmt. Entspannte Erotik ist nicht gefährlich. Sie existiert unabhängig von der Sexualität. Bringt man sie in Zusammenhang mit Sexualität, dann betritt man unsicheres Terrain und das sollte man Experten und Expertinnen zum Beispiel Sexualassistenten und Sexualassistentinnen überlassen. Entspannte Erotik ist unschuldig. Sie wirkt bezaubernd wie Feenstaub (Schützendorf 2020), der verteilt wird und sich danach verflüchtigt. Für einen Moment ist man bereit, sich ganz einem Menschen hinzugeben. Der Mensch ohne Demenz gibt sich dem Menschen mit Demenz hin und umgekehrt.

Der Angehörige, die Betreuende oder der Pflegende lässt sich streicheln, liebkosen, die Nägel lackieren oder die Haare kämmen. Ob er sich küssen oder sich einen Bissen Nahrung zum Mund führen lässt, bleibt ihm überlassen. Keiner von beiden muss unangenehme Berührungen aushalten. Jeder kann und sollte seine individuellen Grenzen in dieser Interaktion setzen.

Der Mensch mit der Diagnose »Demenz« erlebt die Wärme, wenn die andere Person die Hand auf seine Stirn oder seinen Bauch legt. Er genießt die Nähe, wenn sich jemand zu ihm ins Bett legt. Er spürt die Ruhe, wenn er den ruhigen Herzschlag eines anderen fühlen darf. Er fühlt die Geborgenheit, wenn er gefallen ist und sich jemand neben ihn auf den Boden legt und ihn beruhigend festhält.

All diese gegenseitigen Berührungen, die man sich bei Menschen mit Verstand verbietet, bedürfen zugegebenermaßen sehr viel Mut und Souveränität. Niemand muss über diesen Mut und diese Souveränität verfügen, aber niemand sollte denen, die beide Eigenschaften besitzen, derartige Berührungen untersagen.

Erich Schützendorf, Studium der Pädagogik, Psychologie und Soziologie, war bis zu seiner Pensionierung VHS-Direktor und Fachbereichsleiter für Fragen des Älterwerdens an der Volkshochschule des Kreises Viersen, Lehrbeauftragter für Soziale Gerontologie an der Hochschule Niederrhein, Dozent an Fachseminaren für Altenpflege und Mitglied in der DGGG.

Kontakt: e.schuetzendorf@web.de

Literatur

Schützendorf, E. (2020). Lustvoll und gefühlvoll miteinander in Beziehung treten. In: Schützendorf, E.: Kommunikation mit Menschen mit Demenz. Worte, Gesten und Blicke, die berühren (S. 145–158). Heidelberg.

Leben ohne Berührung?
Auswirkungen der Pandemie auf Berührung und Nähe in Pflegesituationen

Gerda Schmidt

Die Geschichte der kleinen Leute von Swabedoo

Was die Swabedoodahs am meisten liebten, war, einander warme, weiche Pelzchen zu schenken. Ein jeder von ihnen trug über seiner Schulter einen Beutel und der Beutel war angefüllt mit weichen Pelzchen. So oft sich Swabedoodahs trafen, gab der eine dem anderen ein Pelzchen. Es ist sehr schön, einem anderen ein warmes, weiches Pelzchen zu schenken. Es sagt dem anderen, dass er etwas Besonderes ist, es ist eine Art zu sagen »Ich mag dich!« Und ebenso schön ist es, von einem anderen ein solches Pelzchen zu bekommen. Du spürst, wie warm und flaumig es an deinem Gesicht ist, und es ist ein wundervolles Gefühl, wenn du es sanft und leicht zu den anderen in deinen Beutel legst. Du fühlst dich anerkannt und geliebt, wenn jemand dir ein Pelzchen schenkt, und du möchtest auch gleich etwas Gutes, Schönes tun. Die kleinen Leute von Swabedoo gaben und bekamen gern weiche, warme Pelzchen, und ihr ge-meinsames Leben war ganz ohne Zweifel sehr glücklich und fröhlich. (…)

Es gab da aber einen großen grünen Kobold, der den Swabedoodahs erfolgreich einredete, sie sollten mit ihren Pelzchen nicht so großzügig sein, denn eines Tages würden sie alle verschenkt haben. Die Leute wurden misstrauisch und waren gar nicht mehr glücklich. Da verschenkte der Kobold stachelige Steine, die er über Jahre gesammelt hatte, und animierte die Swabedoodahs, diese statt der Pelzchen zu verschenken.

Doch das Berühren der Steine war nicht so schön wie das Berühren der weichen Pelzchen. Es hinterließ ein unangenehmes Gefühl.

Es wurde nie mehr so wie früher, auch wenn die kleinen Leute von Swabedoo wieder vorsichtig mit dem Verschenken von Pelzchen begannen. Es war beim Beschenkten immer ein Gefühl von Misstrauen dabei.«

(Verfasser unbekannt 2020)

Leidfaden, Heft 4 / 2023, S. 39–42, ISSN (Printausgabe): 2192-1202, ISSN (online): 2196-8217, © 2023 Vandenhoeck & Ruprecht

Körperliche Berührung berührt auch die See- le. Berührung bedeutet in vielen Fällen, Kraft und Stärkung zu schenken. Ohne die körper- liche Berührung wirkt dieses Geschenk nicht so gut und wird vielleicht vom Gegenüber gar nicht verstanden.

Auch im Alter erlischt das Bedürfnis nach Körperkontakt nicht. Als angenehm empfunde- ne Berührungen erzeugen Wohlbefinden, Gebor- genheit und Sicherheit. Positiv erlebter Körper- kontakt führt zur Ausschüttung von Dopamin und Serotonin.

Covid und körperliche Nähe

In drei Jahren Pandemie mussten wir neue Er- fahrungen mit Nähe und Distanz und mit Be- rührung machen. Außerhalb der Kernfamilie, im Freundeskreis, waren Umarmungen, die vor- her normal waren, plötzlich kaum möglich oder gingen mit dem Gefühl einer, etwas Gefährli- ches oder Verbotenes zu tun. Ein Händeschüt- teln zur Begrüßung wich einem Verbeugen oder einem Kontakt über die Ellenbogen. Wo über- haupt noch persönliche Treffen möglich waren, wurde die Personenzahl im Raum begrenzt und die Abstände beim Sitzen wurden vergrößert.

Ich erinnere mich noch gut an die Beerdigung des Vaters einer guten Freundin im ersten Jahr der Pandemie. So gerne hätte ich sie am Grab ihres Vaters in den Arm genommen und ihr so mein Mitgefühl gezeigt. In der Öffentlichkeit war das aber nicht möglich. Mir tut es heute noch weh, wenn ich an diese Situation denke.

Wer in der Pflege beschäftigt ist, kann ohne Körperkontakt kaum arbeiten. Beim Transfer etwa vom Bett in den Rollstuhl ist sogar groß- flächiger Körperkontakt erforderlich. Vor allem in den ersten Monaten der Pandemie hatten vie- le Menschen Angst vor Ansteckung, sowohl die Pflegenden als auch die Gepflegten. Bei manchen Patienten und Patientinnen konnte das durchaus dazu führen, dass sie nach mehr Selbstständigkeit trachteten, um Kontakte zu reduzieren.

Menschen mit Demenz konnten die neue Si- tuation schwer oder mitunter überhaupt nicht erfassen. Sie verstanden oft nicht, warum Pflege- kräfte Masken trugen und sie diese dann gar nicht mehr erkennen konnten. Ihr Bedürfnis nach Kör- perkontakt blieb unverändert bestehen.

Dazu kam das Besuchsverbot in den Pflegeein- richtungen. An- und Zugehörige waren plötzlich nicht mehr präsent. Die Personen, die den Be- treuten emotional am nächsten standen, die sie seit Jahrzehnten kannten und mit ihnen in Kon- takt waren, waren von einem zum anderen Tag nicht mehr da. Wer noch fähig war zu telefonie- ren, konnte zumindest auf diesem Weg in Kon- takt bleiben. Auch Videotelefonie war eine Mög- lichkeit zur Kommunikation untereinander. Das konnte zwar die Einsamkeit mildern, nicht aber den körperlichen Kontakt ersetzen.

Als Besuche dann wieder möglich waren, war zwischen Personen eine Glasscheibe gesetzt wor- den. Auch wenn dann die Maske entfernt wer- den konnte – Menschen mit einer Hörbeein- trächtigung konnten kaum verbal in Kontakt treten. Und körperliches Nahesein ohne Gren-

Amarylle / Shutterstock

zen und Berührung war so auch nicht möglich. Eingeprägt hat sich mir das folgende Bild: Eine Bewohnerin und ihre Tochter waren durch eine Glasscheibe getrennt. Beide legten jeweils auf ihrer Seite die Handfläche an die Scheibe. Hier kam sehr deutlich zum Ausdruck, dass Körperkontakt ein großes Bedürfnis bei beiden Personen war und ist.

Noch mehr war die Einschränkung bei der Begleitung von Sterbenden zu spüren. Wenn auch in palliativen Situationen Erleichterungen erlaubt waren und viele Einrichtungen durchaus kreative Wege suchten, sollten Masken und Handschuhe verwendet werden. Jemandem, der am Ende seines Lebens angekommen ist und vielleicht auch Angst vor dem Sterben hat, die Hand zu halten

fizkes / Shutterstock

und dabei Handschuhe zu tragen, ist sicher besser, als gar nicht da zu sein. Aber den direkten Kontakt von Hand zu Hand, von Haut zu Haut, ohne Barriere, kann es sicher nicht ersetzen.

Basale Stimulation

Menschen mit Demenz verlieren mit Fortschreiten ihrer Erkrankung immer mehr das Gefühl für ihren Körper und dessen Grenzen, besonders dann, wenn sie ihre Zeit hauptsächlich im Bett verbringen. Sie brauchen Berührung und körperliche Nähe noch mehr als alle anderen alten Menschen.

Beim Konzept der Basalen Stimulation, das in den 1970er Jahren von Andreas Fröhlich und Christel Bienstein entwickelt wurde, um Menschen mit Wahrnehmungsbeeinträchtigungen wieder Eigenwahrnehmung und so Kontakt zu ermöglichen, haben die Anwender:innen die Möglichkeit, mittels spezieller Techniken der Berührung im Rahmen der Pflege und Begleitung Defizite auszugleichen und diesen Menschen wertvolle Hilfe zu geben. Es handelt sich um ein sowohl pflegerisches als auch pädagogisches Therapiekonzept. Es gibt zum Beispiel die Technik der beruhigenden Ganzkörperwaschung, bei der man immer in Haarwuchsrichtung streicht, oder die stimulierende Waschung gegen die Haarwuchsrichtung. So kann man über die Haare, die ja sogenanntes Hautanhangsgebilde sind und Rezeptoren haben, gezielt Reize setzen, je nachdem, ob das Ziel der Waschung beruhigend oder anregend sein soll.

Basale Stimulation war auch während der pandemiebedingten Einschränkungen eine Möglichkeit, im Rahmen der Pflege gezielt Berührung zu ermöglichen.

Rückkehr zur Normalität?

Es hat wieder begonnen, dass die Menschen einander beim Begrüßen und Verabschieden die Hand reichen, dass Freunde einander umarmen.

Das erfolgt auf beiden Seiten manchmal noch zögerlich. Passt es so für mein Gegenüber? Ist nicht die Angst vor Ansteckung immer noch größer als das Bedürfnis nach körperlicher Nähe?

Ich wünsche uns allen, dass es uns gelingt, die Angst zu überwinden und wieder zu einem gesunden Ausmaß an körperlichem Kontakt und Berührung zurückzufinden – mit allem Respekt gegenüber jenen, die hier noch länger vorsichtig sein wollen.

Haben wir etwas gelernt?

Durch den langen Verzicht auf körperliche Nähe wissen wir jetzt noch viel mehr, dass wir diesen Kontakt unbedingt brauchen. In sehr intimen Situationen wird diese Sehnsucht besonders bewusst. Wenn wir inzwischen wieder einander die Hand geben und uns umarmen, dann wird das Besondere an solchen Situationen noch viel klarer als früher. In der Pflege- und Betreuungssituation haben wir gelernt, nach kreativen Lösungen zu suchen – und haben sie durchaus auch gefunden!

Wir alle wissen nicht, ob wir wieder in eine Situation kommen wie in den letzten Jahren. Es wird dann wohl schneller eine gewisse Normalität erreicht werden, weil wir lernen mussten, mit neuen Umgangsregeln zu leben. Was ich uns allen wünsche, ist das Gefühl, das Besondere von körperlicher Nähe und Körperkontakt zu bewahren und auch zu genießen!

 Gerda Schmidt, MAS DGKP, Palliative Care, Wohnbereichsleitung und Stellvertretende Pflegedienstleitung bei CS Caritas Socialis GmbH in Wien; Mäeutik-Dozentin; Ausbildung in Ethikberatung.
Kontakt: Gerda.schmidt@cs.at
Website: https://www.cs.at

Literatur
Bienstein, C.; Fröhlich, A. (2021). Basale Stimulation® in der Pflege. Die Grundlagen. 9. Auflage. Bern.
Verfasser unbekannt (2020). Die kleinen Leute von Swabedoo. Bad Segeberg.

Von Händen, die berühren …

Helmut Kaiser

Die Hebamme bringt mit ihren Händen das Kind zur Welt. Das sind Hände der Geburtlichkeit. »Give me five« ist eine spielerische Berührung der Hände. Körperliche Berührungen waren und sind immer wieder übergriffig und gewalttätig. Im Bereich der Pflege gibt es Situationen, in welchen die Hände der Pflegenden auch grenzsetzend sein müssen. »We keep in touch«, sagten unsere Freunde aus South Dakota, als sie weiterreisten. Es ist also möglich, auch über weite Distanzen in Berührung zu bleiben und berührt zu bleiben.

Im Folgenden will ich spezielle Berührungen in meiner Biografie erzählen, die mit den Händen zu tun haben.

Die Ohrfeige bei Murmansk

Mein Vater war im Zweiten Weltkrieg an der finnisch-russischen Grenze bei Murmansk. Er begegnete einem russischen Soldaten, der wie mein Vater auf deutscher Seite Funker war. Plötzlich standen beide Männer unmittelbar voreinander. Jeder hat dem anderen eine Ohrfeige gegeben. Die jeweilige Hand ging nicht zum Abzugshebel des Gewehrs … Vier Hände wurden handgreiflich und haben mit dieser speziellen Berührung Leben erhalten.

Die Hand spürt den Splitter

Ich war noch keine fünf Jahre alt. Ich sah den entblößten Rücken meines Vaters mit einer Narbe. Ich fragte ihn und er sagte nur: »Spür einfach mal.« Ich fuhr mit meiner Hand über die Narbe und spürte einen festen Gegenstand. »Das ist der Splitter einer Granate, ein Lungenschuss, der mich bei Colmar an der Westfront im Frühjahr 1945 schwer verletzte. Zum Glück war ein Sanitäter in meiner Nähe.« Nie habe ich in meinem Leben ein Gewehr in die Hand genommen. Eine »wertvolle« traumatische Berührung war dies. Eventuell eine Grunderfahrung meiner pazifistischen Grundhaltung.

An der Hand von Sonja in den Kindergarten

Sonja, geboren wie ich selbst am 25.12.1949, holte mich jeden Morgen ab, um gemeinsam Hand in Hand in den Kindergarten zu gehen. Sonja war, so sagte man in dieser Zeit noch, »stark mongoloid«. Meist hatte sie eine triefende Nase, ich war einer der wenigen, der sie verstanden hatte, und von anderen Kindern wurde ich oftmals etwas ausgelacht. Sonja hat meine Beziehung zu Menschen mit einer Beeinträchtigung stark geprägt.

Meine Hand wird mit dem Zeigefinger gelesen

Im Sommer 2002 war ich im Rahmen eines Studienurlaubs bei den Lakota Natives in South Dakota. »Sioux« nannten ihre Feinde sie. Eine betagte Lakotafrau nahm meine Hand in die ihrige und fuhr mit ihrem Zeigefinger spürbar über meine Innenhand … Sie machte keine Aussage über meine mögliche Lebenserwartung, auch wenn diese Frage wohl bei jedem, der sich die Hand lesen lässt, mitschwingt … Habe ich den Wunsch, Zeit und Stunde meines Todes zu wissen?

Sich wieder die Hand geben und schütteln

Während der Coronakrise hat sich die »faustische« Begrüßung durchgesetzt. Mit einem »Fäust-

Leidfaden, Heft 4 / 2023, S. 43–44, ISSN (Printausgabe): 2192-1202, ISSN (online): 2196-8217, © 2023 Vandenhoeck & Ruprecht

»In manibus tuis« –
Brauche ich diese Hand,
die trägt und hält, um
*vertrauensvoll leben **und***
sterben zu können?

Walter Habdank, In manibus tuis, Farbholzschnitt, 1998 © VG Bild-Kunst, Bonn 2023

chen« kamen wir auf die Welt. Dann: Die Hand öffnet sich nach der Geburt und inzwischen hat sich wieder die Begrüßung mit der offenen Hand durchgesetzt, welche die Hand des anderen/der anderen umfasst. Es gibt einen Händedruck, der eine um*fassende* Beziehung schafft. Wir wissen zugleich, dass bei Donald Trump der Händedruck zu einem Machtgehabe pervertierte.

Die digitale Berührung durch den KI-Pflegeroboter

Der Pflegeroboter ist bereits im Einsatz. Seine Hände sind aus einem Material hergestellt, das sich wie eine echte Hand anfühlt. Diese digitale, durch KI gesteuerte Roboterhand kann sanft das Gesicht der Patientin berühren. Will ich von einer solchen Hand gepflegt und berührt werden? Ist damit die wichtige Profession zum Beispiel der Berührerin – Sexualbegleiterin – überflüssig geworden?

In deinen Händen …

Bei einem Seelsorgebesuch im Spital fragte mich ein zum Tode kranker Mann knapp nach der

Pensionierung – wir kannten uns gut –, was ich denn denke, was nach dem Tod komme? Meine Antwort war mit Ludwig Uhland (1787–1862):

»Du kamst, du gingst mit leiser Spur, ein flüchtiger Gast im Erdenland; Woher? Wohin? Wir wissen nur: Aus Gottes Hand in Gottes Hand.«

Brauche ich diese Hand, die trägt und hält, um vertrauensvoll leben *und* sterben zu können?

Die Banalität des Berührens kennen wir. Meine Hände-Berührungs-Erlebnisse sagen, dass wir alle uns solche Händegeschichten erzählen können – »Biografiearbeit« wird dies genannt.

Helmut Kaiser, Studium der Theologie und Philosophie in Tübingen, Mitarbeiter am Institut für Sozialethik ISE des Schweizerischen Evangelischen Kirchenbundes SEK (jetzt: Evangelisch-reformierte Kirche Schweiz). Während dieser Zeit in verschiedenen Expertenkommissionen – Gentechnologie, Energie, Neuer Lebensstil – des Bundesrates Schweiz tätig. Titular-Professor (em.) mit Lehrauftrag für Sozial- und Wirtschaftsethik an der Universität Zürich. Bis 2013 Pfarrer in Spiez (Schweiz).
Kontakt: helmut@kaiserspiez.ch

Trauer auf unserer Haut – (Die Kraft der) Trauertattoos

Katrin Hartig

»Hier war er immer mit seinen Händen«, sagt Kerstin Hau. Sofort fahren ihre Hände den Arm entlang zum Tattoo. Dieses »Mal der Erinnerung« ist für Charlie, der mit drei Jahren starb. Mit diesem Trauerausdruck ist sie nicht allein. Dies inspirierte mich vor einigen Jahren zur Wanderausstellung »Trauertattoos – Gefühlslandschaften auf unserer Haut«. Inzwischen reisen die Fotos mit begleitenden Texten durch Deutschland. Großformatige Porträts, fotografiert und arrangiert von Stefanie Oeft-Geffarth, erzählen die Geschichten »durch die Trauer zum Tattoo«. »Ich lege auch oft meine Hand darauf. Das ist wie Berührung«, erzählt Kerstin Hau. Sie berührt jedes Mal, wenn sie darüber spricht, automatisch ihren tätowierten Arm. An jedem neuen Ausstellungsort höre ich ähnliche Geschichten von Trauertattoos.

Wie die des Handabdrucks auf dem Arm dieser jungen Frau: »Mit seinen kleinen Kinderhänden ist er immer in meine Ärmel reingeschlüpft. Er musste immer irgendwie Haut berühren. Deshalb war klar: Der Handabdruck muss hier auf den Arm.« Die Trauertattoos sind eine neue Form des In-Beziehung-Gehens und -Bleibens mit dem Verstorbenen. Eine aktive Form, sich mit der Trauer zu beschäftigen.

Berühren hilft Begreifen

Haptikforscher Martin Grunwald aus Leipzig erzählt mir in einem Interview, dass Berührung beruhigt. Das gilt gerade für Menschen im Ausnahmezustand wie Trauernde. Das eigene Tattoo zu berühren, hilft, den eigenen mental-emotionalen Zustand zu verändern und ins Gleichgewicht zu kommen, wenn durch den Verlust Halt fehlt.

Somit kann das Trauertattoo helfen, eine Grenzsituation zu überbrücken.

Seit zwanzig Jahren begleite ich Trauernde und höre: »Ich kann einfach nicht begreifen, was passiert ist.« Wie begreift man Unfassbares? Bei der Beschäftigung mit Trauertattoos wird deutlich, dass ihre Hände Trauernden dabei helfen, auch die Trauer als Ausnahmezustand zu begreifen. Indem Trauernde das Tattoo befühlen, betasten, ja bisweilen greifend prüfen, ob es auch wirklich da ist. Eine der oft geäußerten größten Ängste Trauernder ist es, wieder etwas zu verlieren. In diesem Fall die Erinnerung. Das Mal der Erinnerung, wie es Kerstin Hau nennt, hilft bei dieser Vergewisserung. Fast automatisch erfasst der Trauernde, was ihm da widerfahren ist. Das Tattoo hilft somit, die Trauer in ihren Zusammenhängen und sich selbst zu verstehen, während die Hände in Kontakt gehen zum Bild auf der Haut und zu sich selbst. Also beim Greifen begreifen.

Haut als Gefühlslandschaft

Die Haut wird als größtes Sinnesorgan zum Ausdrucksmittel der Trauer. Mit einer Fläche von rund zwei Quadratmetern gibt es viel Raum für Symbole an fast allen Körperstellen. Nach dem Suizid eines 27-Jährigen helfen Freunde bei der Auflösung seiner Wohnung. Sie dürfen sich ein Erinnerungsstück mitnehmen. Anna König sucht sich ein Bild aus. Als Erinnerung lässt sie es sich tätowieren, da, wo mehr Platz ist, auf ihrem Oberschenkel: »Mit der Zeit verblassen Erinnerungen, ähnlich wie ein altes Foto. Ich drücke mit meinen Tätowierungen Gefühle und Empfindungen aus.« Auch ohne Tattoo werden durch

Leidfaden, Heft 4 / 2023, S. 45–47, ISSN (Printausgabe): 2192-1202, ISSN (online): 2196-8217, © 2023 Vandenhoeck & Ruprecht

Katrin Hartig

Das eigene Tattoo zu berühren, hilft, den eigenen mental-emotionalen Zustand zu verändern und ins Gleichgewicht zu kommen, wenn durch den Verlust Halt fehlt.

die Haut Gefühle sichtbar, wenn wir frieren: aus Angst erblassen, aus Scham erröten. Trauernde verstärken dies, indem sie ihre Gefühle als bleibende Narbe auf ihre Haut bringen.

Die Haut beschützt unser Inneres. Das Tattoo von Ina Marino unterstützt diese natürliche Funktion bewusst als Schutzschild: »Das Tattoo der Eule ist mein Krafttier.« Offensichtlich geht von diesen Bildern auf der Haut bisweilen ein Sog aus. Für viele Trauernde war das Trauertattoo nur das erste Tattoo. So hat sich Ina Marina nach dem Tod ihrer Tochter für jedes noch lebende Kind jeweils ein Tattoo stechen lassen.

Kraft der Symbole

Wie kommen Menschen zu ihren Bildern auf der Haut? Die Suche beginnt mit der nach einem Symbol. Als Trauerbegleiterin leite ich Gruppen verwaister Eltern und trauernder Geschwister.

Sie nennen als Symbole für ihre Trauer häufig Kerzen, Tränen, Kreuze, Schmetterlinge. Symbole geben in chaotischen Zeiten Halt. Sie können verbinden und trennen, in jedem Fall dienen sie der Identifikation – mein Schmerz, dein Schmerz. Sie entstehen auf dem Weg der Suche nach Selbstausdruck und auch der Identifikation mit der Trauer um den geliebten Menschen. Symbolisch sind sie manchmal Ausdruck von bestimmten Eigenschaften des Verstorbenen, mit denen sich der Trauernde identifiziert. Symbole sind so verschieden wie Trauernde. In einem meiner Workshops zu Trauertattoos nannten die Teilnehmenden Eule, Panther, Papierschiffchen und Meerjungfrauenkrake. Jedes Symbol macht Inneres außen sichtbar und ist ein Zeichen für die Akzeptanz des Trauerprozesses. Kerstin Hau erklärt ihre Suche so: »Ich begann, mir Symbole zu überlegen. Ich fragte mich: Was passt? Und so war es dann sein Handabdruck, sein Name,

dueller Symbolik Verbundenheit und sind identitätsstiftend. So erzählte mir eine frisch betroffene Mutter die Geschichte ihres nur wenige Monate alten Tattoos. Als ihr Sohn starb, folgte sie dem Rat einer Bekannten und ließ sich einen Fingerabdruck ihres Sohnes machen. »Und da war mir sofort klar, dass ich das möchte und dass ich ihn mir tätowieren lasse.« So »berührt« praktisch der Finger ihres Sohnes für immer ihren linken Unterarm.

Trauerschmerz

Schmerz kann in der Trauer ein Bewältigungsmechanismus sein. Kerstin Hau führt ihn bewusst herbei. Der Schmerz steht jedoch in keinem Verhältnis zum Schmerz des Verlustes: »Dagegen ist das Tattoo ein kleiner Kratzer. Die Schmerzen beim Stechen waren nichts im Vergleich zu den Schmerzen in mir nach dem Tod meines Sohnes. Es hat zeitweise ein wenig abgelenkt von dem inneren Schmerz.«

Durch die Tattoos findet ein innerer Schmerz seinen Ausdruck im Schmerz auf der Haut. Eine Wunde, die bleibt und nun auch äußerlich sichtbar ist.

das Krokodil, das er für mich gemalt hatte.« Diese Trauertattoos machen Trauer begreifbar, symbolisch, weil sie berührt werden können. Symbole wie diese Tattoos geben Gefühlen Ausdruck, wenn Worte fehlen.

Kommunikation

MitTEILEN – das ist ein großes Bedürfnis Trauernder. Tattoos sollen häufig ein Signal senden: »Mein Tattoo ist ein Kommunikationsmittel«, eine Art »Eisbrecher«. Haut wird zur Leinwand der Gefühle Trauernder. Kerstin Hau eröffnete ihr Tattoo die Chance, als Mutter wahrgenommen zu werden nach dem Tod ihres Sohnes. Sie wurde und wird auf das Tattoo angesprochen: »Ach, ist das echt? Ist das ein Tattoo? Ist das von deinem Kind?« Dann antwortet sie mit: »Ja! Normalerweise wäre mein Kind in solchen Momenten vielleicht an meiner Seite. Und durch diese Fragen ist er da, im Gespräch.« Das Trauertattoo wird zum Türöffner zu einem Tabuthema. Das bestätigt eine über 50-jährige verwaiste Mutter, die sich ihr erstes Tattoo nach dem Tod ihrer Tochter stechen ließ: »Durch diese Tattoos entstehen Gespräche.«

Trauerritual

All diese Trauertattoos markieren eine besondere Situation im Leben. Sie schaffen trotz indivi-

Katrin Hartig ist ausgebildete Trauerbegleiterin, Fernsehjournalistin, Kulturwissenschaftlerin. Sie engagiert sich ehrenamtlich seit über zwanzig Jahren im Bundesverband der Verwaisten Eltern und trauernden Geschwister. Sie bildet deutschlandweit Mitarbeitende für Hospize aus, gibt thematische Workshops zu Traueraspekten, ist Lehrbeauftragte an der Hochschule Magdeburg-Stendal u. a. zu Traumajournalismus.
Kontakt: katrin-hartig@freenet.de
Website: www.trauerbegleitungmd.cargo.site

Literatur
Grunwald, M. (2017). Homo hapticus. Warum wir ohne Tastsinn nicht leben können. München.
Hartig, K.; Oeft-Geffahrt, S. (2016). Trauertattoo: Unsere Haut als Gefühlslandschaft. Halle.

Berühren? Berühren! – Eine interaktive Reise

Rebekka Hofmann

Wir »schwimmen« in einem Meer von millionenfachen Berührungen

Zeitlebens interessiert mich körperliche Berührung, dieses allumfassende Thema, das uns ein Leben lang mehr oder weniger bewusst umgibt. Denn das irdische Leben kann einfach nicht ohne Berührung. Wir entstehen im Liebesakt oder im Reagenzglas über Berührung und geben sie erst beim letzten Atemzug ab. Berührung ist der erste Sinn, der sich vor allen anderen Sinnen beim Embryo entwickelt, und ist der letzte Sinn, der sich beim Sterbenden zurückzieht. Dazwischen schwimmen wir in einem Meer von millionenfachen Berührungen. Sie prägen, formen, halten uns. Sie erfreuen und ängstigen uns. Durch sie erfahren wir die höchste Ekstase oder brutale Gewalt. Berührung ist ambivalent und bewegt sich stets zwischen Nähe, Distanz und Grenzen, zwischen geborgener Sicherheit, zaudernder Unsicherheit oder Grenzüberschreitung.

Wir erleben in unserem Dasein Phasen von Berührungsdefiziten und Berührungsfülle. Wahr ist, dass in zunehmendem Alter häufig die physische Nähe abnimmt. Lebensgemeinschaften brechen weg, Freundeskreise werden kleiner. Das Pflegepersonal in Seniorenheimen ist häufig zu überlastet, um diesem »Berührungshunger« entgegenzuwirken. Im Alter kann eine Isolation entstehen, wo körperliche Nähe öfter nur noch aus operational routinierten Handgriffen besteht.

Wenn wir bedenken, dass Zuwendung eng mit physischer und psychischer Gesundheit einhergeht, dass wir innerlich und äußerlich verkümmern, wenn sich keine liebevolle Körpernähe einstellt, dann ist dieses Thema höchst brisant. Es freut mich, dass diese Thematik sogar im Deutschen Ärzteblatt Nr. 6/23 aufgegriffen wird. Prof. Dr. med. B. Müller-Oerlinghausen fordert in einem Leserbrief eine eigene berührungsmedizinische Fachdisziplin.

Nehmen Sie sich einen Augenblick Zeit, Ihre Hände zu betrachten. Atmen Sie ruhig, während Sie die Haut, Falten und Linien, Adern, Gelenke, Nägel, den Handrücken, die Handballen Ihrer Hände betrachten … bewerten Sie die Hände nicht!

Hände sind Kunstwerke! Neben vielen Arten von Arbeiten können sie unsere Emotionen ausdrücken. Sie liebkosen und schlagen, sie ziehen zu sich und stoßen weg – und sie können die Verlängerung unseres Herzens sein. Ich wünschte mir so sehr, dass unsere berührungsarme Gesellschaft achtsam respektvolle Berührung als Psychohygiene vermehrt in den Alltag integriert. Bis heute werden Berührungen eher in Form von Massagen oder körperorientierten Seminaren gebucht, was sicher ein erster Schritt zu einer berührungsbewussteren Gesellschaft sein kann.

Schließen Sie die Augen. Machen Sie sich Ihrer entspannten Hände bewusst und legen Sie sie mit klarer Intention, aber ohne Druck auf Ihre Oberschenkel. Nach einer Weile spüren Sie diesen »Berührungskontakt«. Lenken Sie den Atem dahin. Je nach Hand fühlen Sie Wärme oder Kälte. Öffnen Sie die Augen und kommen Sie zurück zu diesem Artikel.

Leidfaden, Heft 4 / 2023, S. 48–52, ISSN (Printausgabe): 2192-1202, ISSN (online): 2196-8217, © 2023 Vandenhoeck & Ruprecht

Eine reduzierte, ruhige Berührung vermittelt Verbundenheit

Ganz einfache, klare Berührungen, wie gerade in der Kurzanleitung anhand einer Berührung von sich selbst beschrieben, werden oft übersehen, wirken aber Wunder, wenn andere so berührt werden. Nicht nur bei Sterbenden. Wir vermitteln dabei klare Botschaften: Ich bin da – du bist nicht allein – du wirst gesehen – wir sind verbunden. Und wie Sie vielleicht gerade selbst bemerkt haben, vermittelt dieses »Hands-on« Halt, Geborgenheit und Ruhe. Nonverbal, weil Worte vielleicht nicht mehr den anderen Menschen erreichen oder zu viel sind.

Nicht jede/r Sterbende möchte durch eine *Hand*lung berührt werden, denn beim Sterbeprozess reduzieren wir. Und somit ist eine reduzierte Berührung bis hin zu keiner Berührung angebracht. Es gilt, dafür ein gewisses Gespür zu entwickeln. Und hier stelle ich bei Familie, Verwandten und dem Freundeskreis, aber auch beim Pflegepersonal immer wieder eine Verunsicherung fest. Es stellen sich Fragen wie: »Möchte meine Mutter eine Berührung? Überschreite ich Grenzen? Wo und wie soll ich sie berühren?« Es leiten uns bewusst oder unbewusst eigene Erfahrungen, die wir im Laufe des Lebens mit körperlicher Nähe gemacht haben. Vielfach stellt sich aufgrund dieser Unsicherheit gar keine Berührung ein, auch wenn sie gewünscht wäre. Das ist sehr schade.

Es lohnt sich gerade in diesen Situationen, sich seiner eigenen Berührungsbiografie bewusst zu sein. Schließlich berühren wir und werden berührt, solange wir in einem Körper sind. Da hat sich über die Kindheit, in der Adoleszenz und im weiteren Leben Schönes, unter Umständen auch Gewaltiges in unserem Körperbewusstsein angesammelt und Spuren hinterlassen.

Machen Sie eine kleine Pause und schließen Sie wenn möglich die Augen. Der Atem wird ruhig. Suchen Sie eine

Dina Mukhutdinova / photocase.de

Erinnerung einer schönen körperlichen Begegnung. Das kann alltäglich und völlig unspektakulär sein. Das Kraulen und Streicheln eines Tieres, das Treibenlassen in den Wellen, eine zärtliche Hand in der Kindheit. Auch wenn das Ereignis in der Vergangenheit liegt, können Sie es wieder in die Körpererinnerung aufnehmen. Hat sich bei diesen Vorstellungen Ihr Atem verändert?

**Wir tragen alle unsere Berührungs-
biografie durchs Leben**

Berührung prägt uns mehr, als wir uns bewusst
sind. Und so tragen wir unsere Berührungsbiografie auch ans Sterbebett und sitzen oft mit vielen Fragen da, wie und ob wir berühren sollen,
haben dazu keine Antworten … oder doch?

Es gibt Antworten. Eine davon ist, dass ich
in zugewandter Haltung gleichzeitig auch bei
mir bleibe und so viel Nähe zum anderen, zur

anderen schaffe, wie für mich in diesem Moment stimmig ist. Berührungen zwischen engen Verwandten können anders, vielleicht sogar
belastender sein als mit uns unbekannten Sterbenden, aber immer bleibt bei mir diese eine
Antwort: Ich gehe nicht über meine eigenen
Grenzen und taste mich mit großer Aufmerksamkeit und Achtsamkeit vor. Denn Berührung
schafft auf beiden Seiten Intimität. Und wir er-
schaffen so viel Intimität, wie es sich gut und
stimmig anfühlt.

*Häufig stimmen wir uns im
Abschiednehmen in eine ganz
leise, kaum wahrnehmbare
Welt ein, die nur im gegenwärtigen Augenblick ihren
Ausdruck nehmen kann,
mal ruhig, mal bewegter.*

Nehmen Sie einen Gegenstand in Ihre Hände. Der kann vom Bürotisch, aus der Natur, aus dem Regal kommen. Schließen Sie ganz schnell die Augen und erkunden Sie diesen Gegenstand »nur« mit dem Tastsinn. Denn der visuelle Sinn nimmt schon ganz viel vorweg, sodass wir häufig die »taktile Welt« gar nicht mehr erfassen. Mit sorgfältiger Aufmerksamkeit erkunden Sie blind diesen Gegenstand und erfahren vielleicht viel

mehr, als wenn Sie ihn ansehen würden. Es erschließt sich Ihnen eine Welt der Formen und der Texturen. Und vielleicht ist Ihnen dieser Gegenstand beim Öffnen der Augen zusammen mit den Farben viel näher, als wenn Sie ihn nur mit den Augen erfasst hätten.

Natürlich kann ein Blick viel Nähe schaffen, zusammen mit körperlichem Erfassen tut sich nochmal eine andere Welt auf.

Ich erinnere mich an eine Begebenheit, die bei meiner sterbenden Mutter stattgefunden hat. Der Pfarrer sprach den Segen, blickte in ihre Augen und gleichzeitig lag seine Hand ruhig auf ihrer Stirn. Der Atem wurde langsamer, die Gesichtszüge entspannten sich und im Raum breitete sich geradezu spürbar tiefe Stille aus.

Meine Mutter liebte Berührung über alles. Das gab mir die Gewissheit, mit Körperkontakt nicht geizig sein zu müssen. Es sind klare, einfache und gleichzeitig zarte, ruhige Kontakte. Es bieten sich die Arme und Hände an, die Füße oder der Kopf. Und selbstverständlich gibt es Berührungspausen. Sie können – wenn es sich anbietet – dabei die Augen schließen und wahrnehmen. Der Maler Paul Gauguin meinte: »Wer sehen will, muss die Augen schließen.« Mit geschlossenen Augen kommen wir öfter mit dem Sterbenden, der Sterbenden in ein gemeinsames Empfinden und geben gleichzeitig diesem Körper die Information, dass er durch all die Lebensjahre ein wunderbarer Begleiter war.

Ganz anders war es bei meinem Vater. Da war die Gewissheit da, dass er diese letzte Reise im Beisein seiner Familie wünschte, aber ohne Berührung. Es ist hilfreich, dieses Thema vorher abzuklären, und wenn es nicht möglich ist, helfen viele Indizien, wie wichtig diesem Menschen die Körperlichkeit im Leben war. Ließ er sich massieren, machte er Sport, hat er das Tanzbein geschwungen?

Und wenn er nicht mehr ansprechbar ist? Bei einer Berührung verändert sich häufig der Atem,

52Px.Studio / Shutterstock

der Gesichtsausdruck, die Muskelspannung, oder es tritt eine Unruhe ein. Wichtig ist, dass wir bei der Veränderung der Berührung ruhig und besonnen bleiben. Häufig stimmen wir uns im Abschiednehmen in eine ganz leise, kaum wahrnehmbare Welt ein, die nur im gegenwärtigen Augenblick ihren Ausdruck nehmen kann, mal ruhig, mal bewegter.

Das große Loslassen

Einmal kommt der letzte Atemzug. Einmal liegt der Körper regungslos da, das Leben ist ausgehaucht und entschwunden. Dieser Augenblick ist für mich nicht in Worte zu fassen. Ich sitze da, vielleicht sitzen Angehörige mit im Raum, das Atmen hat aufgehört. Genau an dieser Schwelle und vielleicht schon etwas früher, lasse ich den Körper los. Dieses größte Loslassen des Menschen, der geht, und derjenigen, die zurückbleiben, fühlt sich für mich wie ein »geheiligter Raum« an. Wie auch immer die vorhergegangenen Stunden waren.

Als symbolische Handlung öffne ich dann ein Fenster.

Atmen Sie ruhig ein und aus. Beim Einatmen berührt kühle Luft die Naseninnenwände, beim Ausatmen berührt warme Luft die Naseninnenwände. Machen Sie kleine Atempausen zwischen dem Wechsel von Ein-, Aus- und Einatmen. Vielleicht gelingt es Ihnen, diese Atemleere auszukosten. Diese Stille, die uns im Alltag abhandengekommen ist und die sich jetzt mit dem leblosen Körper vereint. Entleert, unbewohnt liegt er da, und meine Atempause trifft auf dieselbe Leere.

Wir möchten diesen Körper in Würde verabschieden. Alle Weltreligionen kennen eine rituelle Waschung, bei der diesem Körper letzte sorgfältige, meditative Handlungen zuteilwerden. Öfter wird in unserer Kultur das Waschen der Toten an das Fachpersonal delegiert. Wenn immer es für Sie passt, schauen Sie dem Bestatter/der Bestatterin oder dem Pflegepersonal zu. Oder schließen Sie mit Ihrer Hand die Augen und helfen Sie den Unterkiefer zu unterlegen, damit der Mund nicht offen steht. Ich spreche mit dem toten Körper während des Waschens – über Episoden, Erinnerungen, Leichtes und Schweres in seinem Leben. Vielleicht spielt im Hintergrund eine leise Musik oder ich singe ein Lied. Fürs Waschen wähle ich »seine/ihre« Duftseife, schaue nach, ob der Darm sich noch entleert hat, reinige und bringe eine Einlage an. Vielleicht wissen Sie um ein Lieblingsparfüm oder -öl. Tragen Sie es sparsam auf, mit ruhigen, klaren Berührungen. Für mich ist diese Handlung gleichzeitig ein Schritt der Trauerbewältigung und führt mich näher an meine eigene Endlichkeit.

Helena Snela, Leiterin des Hospizes Domicilium Weyarn, inspirierte mich mit ihrer Erfahrung für diesen Text.

Rebekka Hofmann hat unter anderem Ausbildungen in Bewegungs-Pädagogik, Hatha-Yoga, Bewegungs- und Tanztherapie, verschiedenen Massagearten, craniosakraler Therapie, palliativer Pflege. »Körperliche Berührung in allen Facetten zu erforschen und der Gesellschaft zugänglich zu machen, sehe ich als meine Lebensaufgabe.«
Kontakt: info@beruehrtes-menschsein.de
Website: www.beruehrtes-menschsein.de

Literatur

Field, T. (2003). Streicheleinheiten. Gesundheit und Wohlergehen durch die Kraft der Berührung. München.
Montagu, A. (1995). Körperkontakt. Die Bedeutung der Haut für die Entwicklung des Menschen. 8. Auflage. Stuttgart.
Thadden, E. von (2018). Die berührungslose Gesellschaft. München.

Zart und leise wie ein Schmetterling

Patricia Meckenstock

»Schmetterlingskinder« oder auch »Sternenkinder« werden die Kinder genannt, die im Laufe der Schwangerschaft versterben und somit nicht lebend zur Welt kommen. Wenn ein Kind tot geboren wird, liegen Tod und Geburt ganz nah beieinander. Wir verbinden Geburt mit Leben und nicht mit dem Tod. Das erscheint uns wie ein Widerspruch in sich (vgl. Nijs 1999). Fehl- und Totgeburt sind medizinische Begrifflichkeiten, die eine negative Assoziation zu Misserfolg, zu etwas Fehlerhaftem auslösen können (vgl. Böcker 2022).

Mittlerweile sind Formulierungen wie Stille Geburt, Kleine Geburt, Schmetterlings- und Sternenkinder »lebensweltliche Alternativen« (Böcker 2022) für diese Bezeichnungen, aber auch Ausdruck des Wandels im Umgang mit Fehl-

> *Hebammen ermutigen Eltern, sich ihr Kind anzuschauen, es zu berühren, dem Kind einen Namen zu geben, es mit diesem Namen anzusprechen.*

Nathalie de Vries

Leidfaden, Heft 4 / 2023, S. 53–57, ISSN (Printausgabe): 2192-1202, ISSN (online): 2196-8217, © 2023 Vandenhoeck & Ruprecht

Nathalie de Vries

*In dem Moment,
wo die Finger das
Kind berühren, er-
eignet sich etwas im
Inneren der Eltern.*

So erging es auch Christina (Name geändert), als sie in der 18. Schwangerschaftswoche mit starken Blutungen in den Kreißsaal kam. Im Ultraschall konnte dann bei ihrem Sohn kein Herzschlag mehr festgestellt werden. Die Geburtswehen hatten schon eingesetzt.

Der Verlust eines Kindes in der Schwangerschaft geht häufig mit einer tiefgreifenden Krisenerfahrung einher. Tod anstelle von Leben, Gefühle wie Trauer, Verzweiflung, ein Nicht-glauben-Wollen statt Freude bilden die neue Realität. Die mit der Schwangerschaft verbundenen Hoffnungen und Fantasien für eine neue Zukunft gehen verloren, bevor es überhaupt einen Raum dafür im tatsächlichen Leben der werdenden Eltern gab.

Der Schock über diese Nachricht ging für Christina einher mit dem Schmerz der Geburt. Es gab kaum Zeit und Raum für die Eltern, sich über das Unvorstellbare des Geschehens klar zu werden. Im Vordergrund standen die Geburt und ihr Schmerz. Tim kam sehr schnell auf die Welt und wurde von der Hebamme in Empfang genommen. Erst jetzt hatten die Eltern die Möglichkeit, sich mit der Geburt und dem Tod ihres Kindes auseinanderzusetzen, das Geschehen und den Verlust zu begreifen.

und Totgeburt. Die Bezeichnung Stille Geburt kommt vom englischen »stillbirth« und ist ein lautloses Geschehen, denn das Kind kommt still zur Welt, es schreit nicht und es atmet nicht (Nijs 1999). Personenstandsrechtlich gelten »Leibesfrüchte« unter 500 Gramm Körpergewicht, die nach der Geburt kein Lebenszeichen aufweisen, als Fehlgeburten und Kinder mit einem Gewicht über 500 Gramm als Totgeburten.

Im Verlauf der Schwangerschaft erleben die werdenden Eltern tiefgreifende physische und psychische Veränderungen. Die Antizipation der Zukunft spielt für sie eine zentrale Rolle. Indem sie sich damit befassen, welche Art Eltern sie sein wollen, welche Werte sie vermitteln und welche Erlebnisse sie mit ihrem Kind teilen wollen, erlangen sie Orientierung in ihrem Transformationsprozess. Der Verlust eines Kindes in der Schwangerschaft führt zu einem Bruch in dem Prozess des Elternwerdens, zur Änderung der angestrebten Zukunft und kann nicht als isoliertes, in sich geschlossenes Phänomen betrachtet werden.

Hebammen ermutigen Eltern, sich ihr Kind anzuschauen, es zu berühren, dem Kind einen Namen zu geben, es mit diesem Namen anzusprechen. Die Wahrnehmung der Geburt und die sinnliche Erfassung des toten Kindes dienen dazu, den Schmerz als leidvolle Erfahrung und die Trauer als notwendige Form der Selbstheilung zu akzeptieren (vgl. Mullur und Krzyzan 2009). Die Einmaligkeit der Handlung macht diese zum Ritual, denn sie wird gleichzeitig zum ersten und letzten Mal vollzogen (Nijs 1999). Bei den betroffenen Eltern herrschen in der Regel große Unsicherheiten und Fantasien über das Aussehen des Kindes. Oft ist es auch der erste tote Mensch, den sie sehen.

Es gibt keine innigere und direktere Variante, um mit der Umwelt zu interagieren, als die Berührung. Sie ist die realste Art, die Welt wahrzunehmen, denn es ist schwer zu verstehen, dass etwas real ist, wenn wir es nicht berühren und fühlen können. Die Informationen unserer Umwelt nehmen wir in einem endlosen Strom über unsere Haut war. Sie stellt einen Großteil unseres Kontakts mit der Umwelt dar und ist gleichzeitig die äußere Grenze unseres Körpers. Wir ertasten, wir erfühlen die Beschaffenheit eines Gegenstands, eines Menschen mit unseren Händen, mit unseren Lippen, mit unseren Wangen.

Wenn wir Eltern ermutigen, ihr Kind in den Arm zu nehmen, es zu berühren, nehmen sie es in all seinen Eigenschaften wahr. Sie erfühlen die Weichheit des Körpers, fühlen die zarten Hände und Finger, erkunden den Körper ihres Kindes, aber fühlen auch die Kühle der Haut. In dem Moment, wo die Finger das Kind berühren, ereignet sich etwas im Inneren der Eltern. Es entsteht eine Empfindung. Die Berührung schafft eine Verbindung zu ihrem Kind. Sie eignet sich

nicht als »Distanzierungsinstrument« (Wagener 2000, S. 58). Wahrnehmung ist immer kontextabhängig, so dass Erwartungen, die wir haben, unsere Herangehensweise beeinflussen.

So wollte auch Christina ihren Sohn zuerst gar nicht sehen, geschweige denn berühren. Eine ruhige, entspannte Atmosphäre, der liebevolle und selbstverständlich anmutende Umgang der Hebamme mit Tim und ausreichend Zeit ermutigten sie und ihren Mann, ihr Kind zu betrachten und es zu berühren. Die Hebamme hatte Tim ein selbstgestricktes Mützchen aufgesetzt und ihn in ein weiches Tuch gelegt. Die Eltern bekamen so die Möglichkeit, ganz langsam, in ihrem eigenen Tempo und selbstbestimmt nach und nach den Körper ihres Sohnes wahrzunehmen und zu erkunden.

Das Tastgefühl ist der Sinn, mit dem der Mensch in der Wirklichkeit ist und durch den die Welt erst an Realität gewinnt. Eine Berührung ist die Begegnung mit der eigenen und einer anderen

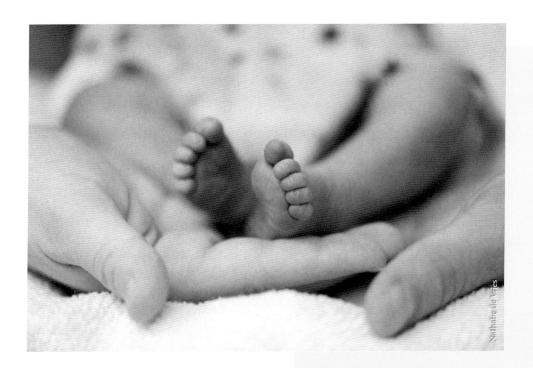

körperlichen Existenz, sie geschieht im Hier und Jetzt, sie ist nicht konservierbar, sie ist vergänglich, aber erinnerbar, und das macht sie letztendlich so wertvoll.

Für Christina war die Zeit, die sie mit ihrem Sohn verbringen durfte, die »schönsten Stunden«. Sie konnte ihn im Arm halten, seine schmalen Fingerchen, seine Wange, seine Lippen berühren, ihn streicheln, ihn küssen. Berührungen stellen eine körperliche Verbindung her und sie scheinen in manchen Situationen *»zum Kern des Kontaktes und der Verbindung zu werden, so als wäre die Berührung die Manifestation des Kontaktes und als könne mit der Erinnerung an sie auch die Verbindung aufrechterhalten werden. So werden Berührungen zu Symbolen«* (Wagener 2000, S. 133 f.).

Die tastende, begreifende Auseinandersetzung mit dem Verlust dient der allmählichen Ablösung von dem Verlorenen, dem Loslassen von der Vergangenheit und nicht zuletzt dem Zulassen des Lebens in der Gegenwart. Ohne konkrete Erinnerung ist Trauerarbeit

Nathalie de Vries

kaum möglich und obwohl es genau diese Erinnerung ist, die schmerzlich den Verlust verdeutlicht, hilft sie die Integration des Verlustes erst möglich zu machen (Mitteregger-Hauser 2009). Somit kommt neben der Sammlung von Fotografien und Erinnerungsstücken wie Fußabdrücken, Handabdrücken, einer Haarlocke sowie Kuscheltieren der Berührung eine große Bedeutung zu, denn auch eine Berührung prägt sich ein, ist erinnerbar, ist verortbar. All dies zusammen bietet Möglichkeiten für die Trauernden, die Verbindung mit dem verstorbenen Kind aufrechtzuerhalten, und dient nicht zuletzt als Beweis für die Existenz des Kindes.

Die Berührung zur Begrüßung und zum Abschied sind in unserer Gesellschaft konventionelle Rituale, die als symbolische Handlungen im Trauerprozess um ein verstorbenes Kind ganz bewusst vorbereitet und vollzogen werden und somit die Gefühle und Gedanken Trauernder zum Ausdruck bringen (vgl. Böcker 2022). Insbesondere Hebammen helfen den betroffenen Eltern ihre stillgeborenen Kinder zu verabschieden, den Verlust zu begreifen, damit umzugehen und ein Stillgeborenes als verstorbenes Kind zu personalisieren.

Professionelle Helferinnen sollten sich die Frage stellen, wie viel Personalisierung für die betroffenen Eltern angemessen ist, und sie in Entscheidungsprozesse einbeziehen. Jeder Mensch trauert individuell in seinem eigenen Tempo, seinem eigenen Rhythmus mit seinen eigenen Bewältigungsstrategien. Nach dem Tod eines Kindes können diese Bewältigungsstrategien durch Phasen des Schocks, der Lähmung, der Leere, des Nicht-wahrhaben-Wollens, des Aufbrechens von Angst, Schuldgefühlen, Verzweiflung und die darauffolgenden Überlebensstrategien überlagert sein. Trauer braucht Zeit und Raum. Betroffene müssen sich neu orientieren, den Verlust anzuerkennen. Ein »Hinwegkommen« über den Tod des Kindes oder ein dorthin »Zu-rückkehren«, wo sie vor der Schwangerschaft waren, ist für Eltern kaum möglich. Es ist ein neuer Weg, den sie beschreiten werden.

Rituale sollen den Eltern helfen, ihre inne-re Stabilität zurückzuerlangen. Daher ist es wichtig, dass die Rituale den Wünschen und Vorstellungen der Eltern entsprechen und diese sich idealerweise auch selbst einbrin-gen können. Eltern, die die Möglichkeit ha-ben, sich von ihrem verstorbenen Kind wür-dig zu verabschieden, haben es in der Regel leichter, den Tod zu realisieren und ihren Ge-fühlen Ausdruck zu verleihen. »Was man ge-sehen, begrüßt und berührt hat, davon kann man am ehesten Abschied nehmen« (Mullur und Krzyzan 2009, S. 27).

Der respektvolle Umgang des Klinikperso-nals mit den verstorbenen Kindern, sie mit Na-men anzusprechen, die Geburt als solche zu würdigen, die Eltern zum körperlichen Kon-takt mit ihrem toten Kind zu ermutigen und darin zu unterstützen (Vorbildfunktion), es in den Arm zu nehmen, und ihnen die Zeit zu ge-ben, bis sie die innere Bereitschaft haben los-zulassen, ermöglicht den Eltern, dieses Kind in ihre Lebens- und Familiengeschichte zu in-tegrieren (Mullur und Krzyzan 2009, S. 27).

»Jedes Leben ist ein Geschenk, egal wie kurz, egal wie zerbrechlich. Jedes Leben ist ein Geschenk, welches für immer in unseren Herzen und ganz gewiss in der Liebe Gottes weiterleben wird« (Lothrop 2016).

Patricia Meckenstock ist Hebamme und übt alle Tätigkeitsfelder aus von der Kli-nik bis zur Außerklinik. Außerdem Still- und Laktationsberaterin (IBCLC), BA Pflegemanagement und Organisations-wissen, MA Personal und Organisations-entwicklung, Systemisches Coaching und Organisationsberatung (DGSF), Systemische Beratung.
Kontakt: meckenstock@kaiserswerther-diakonie.de

Literatur

Beutel, M. (2002). Der frühe Verlust eines Kindes. Bewältigung und Hilfe bei Fehl-, Totgeburt und Plötzlichem Kindstod. 2., überarbeitete und erweiterte Auflage. Göttingen.

Böcker, J. (2017). Inwändig, unsichtbar, liminal. Ambiva-lenzen pränataler Verluste. In: Jakoby, N.; Thönnes, M. (Hrsg.): Zur Soziologie des Sterbens. Aktuelle theoretische und empirische Beiträge (S. 135–156). Wiesbaden.

Böcker, J. (2022). Der Wandel der Anerkennung von Fehl- und Totgeburt als Geburt eines Kindes. In: Österreichi-sche Zeitschrift für Soziologie, 47, 1, S. 59–82. doi:10.1007/s11614-022-00470-7.

Horn, U. (2005). Leise wie ein Schmetterling. Abschied vom fehlgeborenen Kind. Holzgerlingen.

Lothrop, H. (2016). Gute Hoffnung, jähes Ende. Fehlgeburt, Totgeburt und Verluste in der frühen Lebenszeit. Beglei-tung und neue Hoffnung für Eltern. Vollständig überarbei-tete Neuausgabe. München.

Mullur, T.; Krzyzan, A. (2009). Frohes Warten – früher Tod: wenn Eltern ihr Kind vor, bei oder kurz nach der Geburt verlieren; Erfahrungen – Rituale – Trauerbegleitung. Inns-bruck/Wien.

Nijs, M. (1999). Trauern hat seine Zeit. Abschiedsrituale beim frühen Tod eines Kindes. Göttingen.

Stocker, T. (2022). Uneindeutige Elternschaft: Die Entwick-lung elterlicher Identität im Kontext pränataler fötaler Dia-gnose(n) und späten Schwangerschaftsabbruch. https://www.kindsverlust.ch/wp-content/uploads/2023/03/2303_Executive-Summary-Tobias-Stocker.pdf.

Wagener, U. (2000). Fühlen – Tasten – Begreifen: Berührung als Wahrnehmung und Kommunikation. Oldenburg.

Wimmer-Puchinger, B. (1992). Schwangerschaft als Krise. Psychosoziale Bedingungen von Schwangerschaftskompli-kationen. Berlin/Heidelberg.

Berührung ohne Überwältigung
Trauerbegleitung jenseits von Sekundär- und Retraumatisierung

Chris Paul

Mit-Gefühl und die Fähigkeit, von Geschichten und Persönlichkeiten berührt zu werden, sind Grundvoraussetzungen für die Beratung nicht nur von Trauernden. Manchmal erleben Begleitende und auch Gruppenteilnehmer:innen dabei Situationen, in denen die Berührung zur Belastung oder sogar zu Verletzung wird. Der Begriff »Sekundärtraumatisierung« beschreibt einen möglichen Hintergrund für das Erleben von eigener Überwältigung beim mit-fühlenden Anhören einer Erinnerung an Überwältigung und Zerstörung von anderen. Dann kann es passieren, dass der eigene Körper reagiert, als wäre er dabei gewesen. Schockreaktionen, emotionale Überflutung, aber auch dissoziatives Erleben, also das Abgetrenntsein von emotionalen Reaktionen, können dabei in Zuhörenden entstehen, obwohl die tatsächliche Gesprächssituation sicher, warm und gut gehalten ist. Das kann drei Hintergründe haben: Entweder ist es die bildhafte Schilderung der überwältigenden Situation oder es ist die Anzahl solcher Erzählungen, die zum Beispiel in einer Trauergruppe aufeinanderfolgen. Die dritte Möglichkeit kann in der Biografie der Zuhörenden – der Trauerbegleiterin oder der Gruppenmitglieder – liegen, dann fungiert die Geschichte, die gerade angehört wird, als Trigger zu eigenen traumatischen Erfahrungen. Dann wird von einer »Retraumatisierung« gesprochen.

In Einzelgesprächen kann das genauso passieren wie in Trauergruppen. Gruppenteilnehmer:innen melden manchmal zurück, dass sie nach dem letzten Treffen Schlaflosigkeit und innere Unruhe erlebt haben, sie fühlten sich eventuell »zurückgeworfen« in eine frühere, belastendere Trauerzeit. Rückblickend hat es in der zurückliegenden Stunde ausführliche Schilderungen von überwältigenden Ereignissen gegeben. Denn das, was eine Person als überwältigend erlebt hat, kann beim bildhaften, detailreichen Erzählen auch die Zuhörenden überwältigen. Trotz der eigentlich stärkenden Gruppenunterstützung kann in einer Trauergruppe dann eine Art »Sog des Schreckens« entstehen.

Für Gruppenleiter:innen entstehen Fragen: Wie kann ich den Sog stoppen? Darf ich das überhaupt? Muss ich das? Meine Antwort: Als Gruppenleiterin darf und muss ich hier einen Weg finden, dem »Sog des Erschreckens« etwas entgegenzusetzen. Das gilt auch für das eigene Erleben – wenn ich als Beraterin mit verstörenden Bildern und Gefühlen von Ohnmacht oder starker Aggression nach Hause gehe, dann ist es meine Verantwortung, mich im Rahmen einer Supervision wieder zu beruhigen, vor allem aber Gespräche in einer Gruppe, mit Paaren oder Einzelpersonen in Zukunft anders zu führen.

Was sind die Voraussetzungen für eine Trauerbegleitung, die Berührung ermöglicht, aber Sekundär- und Retraumatisierung vermeidet?

Mut zur eigenen Verantwortung

Trauernde wollen nicht verletzen! Geschichten und Gefühlsäußerungen, die meine Grenzen oder die von Gruppenteilnehmenden überschreiten, sind nicht mit dieser Absicht erzählt und gezeigt worden. Das Mit-Teilen von größtem Schmerz und existenzieller Ohnmacht geschieht mit dem Wunsch nach Entlastung; als Beraterin habe ich in der Regel dazu eingeladen, das zu probieren.

Leidfaden, Heft 4 / 2023, S. 58–61, ISSN (Printausgabe): 2192-1202, ISSN (online): 2196-8217, © 2023 Vandenhoeck & Ruprecht

Trauerbegleitung als heilsame Berührung, die nicht erneut verletzt oder alte Wunden aufreißt, braucht noch mehr als ein offenes Herz. Sie braucht Fachkompetenz im Erkennen von traumatischen Erinnerungsbildern.

Paul Klee, Siesta der Sphinx / akg-images

Wenn es für mich und für andere »zu viel« wird, ist das nicht primär die Verantwortung des Menschen, der meiner Einladung und Anregung gefolgt ist. Es liegt in meiner Verantwortung, Settings so zu gestalten, dass Überwältigung benannt und geteilt werden kann, ohne sich auf mich und andere zu übertragen.

Schützende begrenzende Maßnahmen

»Wir hören zu!« könnte das inoffizielle Motto der Sterbe- und Trauerbegleitung sein. Nur das Wissen um eine veränderte Erinnerungsbearbeitung angesichts von potenziell traumatischen Situationen ermöglicht es, diese Grundhaltung mit einem angemessenen Schutz vor potenziell traumatischen Bilder zu ergänzen. Traumatische Erinnerungen drängen sich entweder auf, sie kommen zum Beispiel beim Einschlafen. Oder sie werden durch einen Trigger ausgelöst, das sind Sinnesreize, die in der überwältigenden Situation vorkamen. Diese kleinen Sinnesreize lösen in Sekundenbruchteilen die komplette körperliche und seelische Reaktion auf die ursprüngliche überwältigende Situation aus. Trauernde beschreiben das beispielsweise so: »Da war der Rettungswagen neben uns auf der Straße und plötzlich war es genau wie damals, als sie D. abgeholt haben, ich konnte mich überhaupt nicht mehr beruhigen.« Diese in Entspannungssituationen auftauchenden oder durch Trigger ausgelösten Schreckenserinnerungen werden »Flashbacks«, »Nachhallerinnerung« oder »Intrusion« genannt. Eine weitere Besonderheit bei diesen Erinnerungen ist, dass sie wie unveränderliche Filmsequenzen oder Standbilder sind, sie laufen immer in exakt derselben Weise ab und lösen immer dieselben Reaktionen aus. Die gewünschte Entlastung beim Durchdenken und beim Erzählen geschieht nicht! (Eckardt 2017).

Traumatisierte Trauernde wissen das aus Erfahrung, denn sie erleben es quasi täglich und sind dankbar, wenn ihnen die Zusammenhänge bestätigt und erklärt werden. Sie fühlen sich meiner Erfahrung nach dann nicht abgelehnt durch eine Unterbrechung oder eine Gruppenregel, die alle vor überwältigenden Bildern schützt. Sie erkennen den Rahmen, der ihnen geboten wird, und spüren »am eigenen Leib«, dass sie mit weniger Stress und Überforderung aus den Gesprächen und Gruppenabenden gehen.

Stabilisieren, Stabilisieren, Stabilisieren

Jede Traumatherapie hat drei Teile: Stabilisierung, Konfrontation, Integration. Die gezielte Konfrontation mit überwältigenden, potenziell traumatischen Erlebnissen mit dem Tod sollte spezialisierten Psychotherapeut:innen überlassen werden. Empfehlen kann ich hier die Methoden EMDR (Eye Movement Desensitization and Reprocessing), Somatic Experiencing (Levine 2011) sowie PITT (Psychodynamisch Imaginative Traumatherapie, Reddemann 2016) (s. a. Paul 2021).

Trauerbegleitung kann jedoch das Anliegen der Stabilisierung ganz wunderbar gewährleisten. Dazu müssen wir nur begreifen, dass ein subjektives Sicherheitsgefühl und ein mittlerer Stresslevel die Voraussetzung für ein bewusstes Fühlen sind. Das Einbeziehen von kleinen körperlichen Stabilisierungsübungen, einfachen Distanzierungs- und Entspannungsübungen gehört nicht nur in meinen Weiterbildungen längst zum Standard.[1]

Basiswissen Psychotraumatologie

Die meisten Basisqualifizierungen zur Trauerbegleitung enthalten heute Unterrichtseinheiten zur Überschneidung von traumatischen Situationen und Verlusterfahrungen. Vor allem plötzliche Tode wie Unfälle, Gewaltverbrechen, Suizide, aber auch Schlaganfälle und Infarkte können mit Bildern einhergehen, die als potenziell traumatisch erlebt werden. Dazu gehören auch geäußertes extremes Leiden der Erkrankten/Sterbenden sowie Krankheitsverläufe und Behandlungen, die starke Veränderungen der Körperlichkeit der Erkrankten und Sterbenden hervorrufen. Mit diesem Hintergrundwissen können folgende Symptome als Hinweise auf eine mögliche Psychotraumatisierung verstanden werden: Schlafstörungen, starke Unruhe, depressive Symptome, vor allem aber Vermeidungsverhalten und Flashbacks, emotionale Überflutung oder dissoziatives Abgeschnittensein von den eigenen Gefühlen beim Erzählen von erschütternden Einzelheiten. Diesen beobachteten Hinweisen sollte ein behutsamer (nicht pathologisierender) Hinweis auf eine mögliche Traumatisierung folgen mit dem Tipp, zur Abklärung etwa eine Traumaambulanz oder spezialisierte Psychotherapeut:innen aufzusuchen.

Beim Vorliegen einer vermuteten oder belegten Traumafolgestörung kann meiner Erfahrung nach begleitend trotzdem eine Trauerbegleitung stattfinden, wenn einiges beachtet wird (Paul 2019):

- Die Traumatherapeutin muss mit einer gleichzeitig stattfindenden Trauerbegleitung einverstanden sein. Auch der Besuch von Trauergruppen sollte ihr bekannt sein.
- Die Begleitung/Beratung sollte von Menschen mit einer sogenannten Großen Basisqualifizierung zu Trauerbegleitung durchgeführt werden, in Gruppensettings sollte mindestens eine Person des Leitungsteams über diese Qualifizierung verfügen.
- Zu Vermeidung von Re- und Sekundärtraumatisierungen sollten klare Gesprächsregeln kommuniziert werden. Besonders belastende Ereignisse, wie zum Beispiel das Auffinden eines Verstorbenen oder das Miterleben eines Unfalls, werden nicht in allen Einzelheiten erzählt, das Leitungsteam/die Trauerbegleitung unterbricht, falls das doch geschieht.
- Der Fokus der Begleitung liegt auf Stabilisierung (körperlich und emotional), Alltagsbewältigung und Arbeit an der inneren Verbundenheit mit stärkenden Beziehungsanteilen.

Fazit

Trauerbegleitung als heilsame Berührung, die nicht erneut verletzt oder alte Wunden aufreißt, braucht noch mehr als ein offenes Herz. Sie braucht Fachkompetenz im Erkennen von traumatischen Erinnerungsbildern. Sie braucht die Bereitschaft, Grenzen herzustellen und zu halten, da, wo sie zuvor durch eine bestimmte Art des Sterbens überschritten wurden. Nicht zuletzt braucht sie Selbstsorge und das Übernehmen von Verantwortung für sich selbst, wenn die eigenen Grenzen nicht mehr gehalten werden können.

 Chris Paul ist Soziale Verhaltenswissenschaftlerin und Heilpraktikerin für Psychotherapie mit dem Schwerpunkt Trauerberatung. Als Trainerin und Fachbuchautorin setzt sie sich seit über 20 Jahren für die angemessene Begleitung von trauernden Menschen ein. Sie ist eine der renommiertesten Trauerbegleiterinnen Deutschlands. Sie ist Leiterin des TrauerInstituts Deutschland und der Online-Akademie FacettenReich.

Kontakt: info@chrispaul.de
Website: https://chrispaul.de

Anmerkung

1 Bekannt sind die Stabilisierungsübungen von Claudia Croos-Müller (2011) mit der Methode *body2brain,* die auch als kostenlose App zur Verfügung stehen. Der »Helpers Circle« von Katie Bohnet (2021) stellt viele – auch für Kinder geeignete – Übungen zur Selbstberuhigung und Stärkung zur Verfügung. Auch in meinen Veröffentlichungen weise ich unter der Trauerfacette »Überleben« auf verschiedene Stabilisierungsmöglichkeiten hin: www.trauerkaleidoskop.de

Literatur

Bohnet, K. (2021). Die Reise des Schmetterlings. Stressregulation für Kinder. Berlin.
Croos-Müller, C. (2011). Kopf hoch – das kleine Überlebensbuch. Soforthilfe bei Stress, Ärger und anderen Durchhängern. München.
Eckardt, J. (2017). Wenn Trauma und Trauer aufeinandertreffen. Betroffenen helfen, neuen Lebensmut zu finden. Göttingen.
Levine, P. A. (2011). Sprache ohne Worte. Psychodynamisch Imaginative Traumatherapie. München.
Paul, C. (2021). Ich lebe mit meiner Trauer. Das Kaleidoskop des Trauerns für Trauernde. Gütersloh.
Paul, C. (2019). Trauer-Fluss und Trauma-Eisberg. In: Person, 2, 23, S. 122–129.
Reddemann, L. (2016). Imagination als heilsame Kraft. Ressourcen und Mitgefühl in der Behandlung von Traumafolgen. 19. Auflage; vollständig überarbeitete Neuausgabe. Stuttgart.

Wenn sich das Außen und das Innen berühren
Abschied und Endlichkeit im Film

Ingrid Marth

»Now you have grown into your face«

Dieser Satz von John Berger, gerichtet an Tilda Swinton in »The Seasons of Quincy – Four Portraits of John Berger«, trifft mich ins Mark. Die Kinobesucher:innen verlassen den Saal – ich sitze immer noch, Tränen rinnen über meine Wangen. November 2018, Viennale, der alljährliche Besuch des Wiener Filmfestivals – dieser Umstand macht mich unsagbar glücklich. Eintauchen in fremde Welten, andere Kontinente, vertraute Geschichten, berührende Schicksale. In Kontakt kommen mit dem, was mir am nächsten geht – in Resonanz gehen, mitschwingen. Kino ist meine Welt, meine große Liebe, abgesehen von all den Menschen, denen ich mich verbunden und nahe fühle.

Seichte Komödien und leichte Unterhaltungsfilme ziehen mich nicht an. Ich strebe nicht da-

Sean Pavone / Shutterstock

nach, abgelenkt zu werden, mir muss man nicht die Zeit vertreiben – mich treibt es in die Filmgeschichten, die mir auch im Alltag begegnen. Die Kriterien, nach denen ich meine Festivalauswahl treffe, haben mit Außenseiterschicksalen zu tun, mit existenziellen Krisen, Krankheiten, Sterben, mit Katastrophen, Herausforderungen, Trauer und Tod. Immer schon habe ich mich dort daheim gefühlt.

»Now you have grown into your face« als Synonym für meine eigene Entwicklung, mein eigenes Ankommen bei mir selbst, meine Antwort auf die Frage, wer ich bin und wohin es geht. Tief berührt und betroffen, unsagbar traurig und glücklich.

Mitte April 2019 ist mein Lebenspartner bei einem Unfall ums Leben gekommen. Plötzlich und unerwartet hat es mich getroffen, hart und unbarmherzig. Das Schicksal, das Unaussprechliche, das, was viele von uns aus ihrer Arbeit kennen. Wie eingebrannt der Moment, als ich den Telefonanruf erhalten habe. Wie ein Film läuft alles vor meinem inneren Auge ab. Atemlos und unendlich schmerzhaft, unbeschreiblich und ich weiß, dass das, was ich manchen Angehörigen gesagt habe, so dumm wie banal war. »Ich kann verstehen, wie es Ihnen geht.«

Niemand kann das, es ist eine Floskel, die wir benutzen, um unsere Anteilnahme auszudrücken, es ist der hilflose Versuch, Stellung zu beziehen, dem Unaussprechlichen einen Namen zu geben. Wortlos dabei zu sein, mit auszuhalten, nicht wegzugehen – das kann ich nur, wenn ich in Berührung gekommen bin mit meinem tiefsten inneren Schmerz, der ultimativen Verlustangst, dem Abgrund und den unvorstellbaren Höllen. So unfassbar, dass Schmerz und Glück fast gleichzeitig in uns wirksam sein können. Yin und Yang – in der dualen Welt existiert beides neben- und miteinander.

All die Menschen, die da sind und mir mit ihren kleinen und großen Zeichen beistehen, jedes Mal aufs Neue mein ungläubiges Staunen und das tiefe Glück – ich bin nicht allein, ich bin beschützt und behütet, umschlossen von Wärme, Nähe, Mitgefühl.

»Hochwald«

Vor einiger Zeit habe ich an zwei aufeinander folgenden Tagen diesen Debütfilm von Evi Romen gesehen. Der Film schwingt bis heute in mir nach. Die Stimmung dörfliche Enge und soziale Kontrolle vermittelnd, mit unausgesprochenen Regeln konform gehen müssen, mein starkes Bedürfnis, mich dagegen aufzulehnen und zu rebellieren. All das hat mich sehr früh nach draußen, in meinem Fall mit 15 Jahren, nach England getrieben. Weit weg von meinem sozialen Umfeld, im freien Fall ins Ungewisse. Meine Eltern haben mich ziehen lassen, vermutlich hatten sie keine Ahnung von meinem Freiheitsbedürfnis und dem Wunsch, etwas anderes als strenge Konventionen kennenzulernen, meine ersten Erfahrungen in einer mir unbekannten Welt zu machen. Liebe und Dankbarkeit, wenn ich an meine Eltern denke – dass sie mich ziehen ließen, ohne zu wissen, wohin.

»Kirschblüten – Hanami«

Der Film mit Hannelore Elsner und Elmar Wepper trifft dieses Gefühl der tiefen Verbundenheit mit einem oder mehreren Menschen ganz wunderbar. Auch wenn die Geschichte ein bisschen banal klingt, so ist der Film als solcher Zeugnis einer Qualität, die tief berührt, etwas Universelles in mir trifft. Doris Dörrie versteht es meisterhaft, ihre Protagonist:innen mit den Themen Abschied, Tod, Trauer und ungelebten Lebensträumen zu infizieren. Unvergesslich der todkranke Elmar Wepper, der nachts im Zimmer eines traditionellen japanischen Gästehauses erwacht und den Fuji wolkenfrei in hellem Mondlicht erblickt. Er zieht die Kleider seiner verstorbenen Frau an, schminkt sich wie die Butoh-Tänzerin, die er in Tokio kennengelernt hat, beginnt am Seeufer die Bewegungen des Butoh nachzuahmen. Er träumt den Traum seiner Frau, die ihren Wunsch, nach Japan zu reisen, unterdrückt hat, ihr unvorhergesehener Tod hat ihr einen Strich durch die Rechnung gemacht.

»Nokan – Die Kunst des Ausklangs«

Japan übt eine magische Anziehung auch auf mich aus, die Architektur, die Gärten und Tempel, Zen, Literatur und die Kunst, köstliche und optisch wunderschöne Gerichte zu kreieren. So ist es naheliegend, dass mich auch japanische Filmkunst inspiriert. 2009 wurde »Nokan – Die Kunst des Ausklangs« mit dem Oscar für den besten fremdsprachigen Film ausgezeichnet. Der Cellist eines Orchesters in Tokio verliert seinen Job und übernimmt, nicht wissend, worum es sich handelt, die Arbeit eines Leichenwäschers, nachdem er ein Zeitungsinserat »Reisebegleiter gesucht« gelesen und sich für die offene Stelle beworben hat. Anfänglich fällt es ihm schwer, sich der Aufgabe zu stellen, Verstorbene für die Totenwache vorzubereiten, mehr und mehr findet er jedoch Gefallen daran. Als seine Frau Details über seine neue Arbeit erfährt, verlangt sie, dass er diese Arbeit beendet, sie will nicht mit dem Tod in Berührung kommen. Sie verlässt ihn, als er das nicht tut.

Träume dein Leben und lebe deinen Traum. Mach das, wohin dein Herz dich zieht, und sei es noch so verrückt und absurd. Keine Minute dieses gut zweistündigen sensibel gestalteten Films ist vergeudet. Berührend und zärtlich, als Daigo seinen toten Vater wäscht, rasiert und für den traditionellen Ritus vorbereitet und in seiner Hand einen kleinen glatten Stein findet, den er als Kind bei einem Familienausflug seinem Vater schenkte. Es ist die einzige Erinnerung an seinen Vater, der kurz darauf seine Familie verlassen hat.

Ich denke an meinen Vater, der vor etwas über einem Jahr verstorben ist. Mein Vater, der die Familie nie verlassen hat, den ich trotzdem nur schwer greifen konnte, der mir immer fremd war. Der vermutlich nie so gemeinte Bann meiner Mutter, ihn bloß nicht nach seiner Kindheit zu fragen, hat uns Kinder davon abgehalten, das zu tun. Erst sehr viel später habe ich es gewagt, dieses Tabu zu brechen, und ich war überrascht, wie offen mein Vater über seine Gefühle, seine Kindheit und über sein Leben erzählte. Da habe ich verstanden, dass wir unserer Geschichte nicht entkommen können. Wir sind Teil des sozialen Netzwerks, das uns beschützt und trägt – das aber auch aus Verletzungen und Trauer gewebt ist.

Von Liebe und Trauer umhüllt, werden wir gewärmt und getröstet, wenn wir uns öffnen und hingeben. Unser Vater hat sich uns zugemutet und hingegeben. Als er immer gebrechlicher und abhängiger wurde und auf unsere Unterstützung angewiesen war, hat er die Größe gehabt, klein beizugeben. Er hat uns die Möglichkeit geschenkt, für ihn da zu sein, ihm den weichen glatten Stein der Liebe zurückzugeben, den er uns geschenkt hat.

»Kirschblüten und rote Bohnen«

Der japanische Film aus dem Jahr 2015 erzählt von der Freundschaft des aus dem Gefängnis entlassenen Inhabers eines Imbisses in Tokio und einer alten Frau, die in einem Lepra-Sanatorium lebt und wunderbare rote Bohnenpaste für seine Pfannkuchen zubereitet. Das spricht sich herum und der Imbiss erfreut sich immer größerer Beliebtheit. Bis sich das Gerücht verbreitet, dass die alte Frau einst an Lepra erkrankt gewesen sein soll, und die Kundschaft ausbleibt.

Wir sind Beziehungsmenschen und eine Grundsehnsucht verbindet uns. Wir alle möchten von einem anderen Menschen gesehen und geliebt werden. In Situationen besonderer Verletzlichkeit, wie am Anfang und am Ende des Lebens, bei Erkrankung und Pflegebedürftigkeit, sind Berührungen von ganz besonderer Bedeutung. Erst wenn wir uns vom Leid anderer berühren lassen, können wir wirklich hilfreich sein.

»Close«

Der Film von Lukas Dhont beschreibt die enge Freundschaft und körperliche Nähe zweier pubertierender Jungen, die ihre Unbeschwertheit verlieren, als Mitschüler der neuen Schule, in die sie wechseln, dazu Fragen stellen. Ihre jugendliche Unbeschwertheit endet mit dem Suizid von Rémi, mit vielen offenen Fragen, Selbstvorwürfen und dem geteilten Schmerz seiner Mutter mit seinem Freund Léo.

Emotionale Balance können wir nur erreichen, wenn wir alle Emotionen leben. Es geht darum, körperlich und emotional berührt und angesprochen zu werden, um das Sprechen miteinander. Es geht um das Sich-aufeinander-Einlassen.

»Schmetterling und Taucherglocke«

Der Film von Julian Schnabel erzählt die Geschichte eines Chefredakteurs, dessen Schlaganfall im Bereich des Hirnstamms zu einem Locked-in-Syndrom führt. Die vertrauten Menschen aus seinem Umfeld ziehen sich zurück, er merkt, dass er in seinem Leben nicht viel in echte Beziehungen investiert hat. Gemeinsam mit seiner Logopädin erarbeitet er eine eigene Kommunikationsform und diktiert ihr so sein Buch. Wie in der autobiografischen Vorlage stirbt er zehn Tage nach Erscheinen seines Buches.

Nur wenn wir uns berühren lassen, werden wir Mitgefühl entwickeln, und das ist eine wesentliche Voraussetzung für jede Art von Hilfe. Ohne Berührtsein wird das kaum gelingen. Wir haben kostbare emotionale Möglichkeiten, um einander das Leben zu erleichtern und um der Zerstörung des Lebens entgegenzuwirken. Eine existenzielle Grundhaltung der Achtsamkeit uns und unserem Leben gegenüber zu entwickeln ist Voraussetzung, um in unserem Herzen berührbar und sensibilisiert zu bleiben für die Not der uns anvertrauten Menschen. Mit der wachsenden Zahl vulnerabler Personengruppen wird es Begleiter:innen brauchen, die auf Menschenrechte und Menschenwürde achten und aus einem tiefen inneren Bedürfnis heraus Fürsprecher:innen für all jene werden, die nicht für sich selbst einstehen können.

Fatima Shahrour / Shutterstock

Ingrid Marth, Diplom-Gesundheits- und Krankenpflegerin mit Zusatzausbildung in Palliative Care, Diplom-Erwachsenenbildnerin (Fachbereich Gesundheitsförderung), Diplom-Ernährungsberaterin (TCM), B.A. Buddhistische Philosophie, ist pflegerische Leitung des Mobilen Palliativteams der Caritas Socialis in Wien.
Kontakt: ingrid.marth@cs.at

Kunst, die berührt …

Malerei, Literatur und Musik als »haltende Umwelten«

Diana Staudacher

Kunstwerke sehen uns an. Sie haben ein Gesicht. Manchmal erkennen wir uns selbst in diesem Gesicht. Dann fühlen wir uns berührt. Wir nehmen Kunstwerke als sensible Spiegel unserer innerseelischen Welt wahr. Diese äußere Resonanz auf unser inneres Erleben löst tiefe seelische Sicherheit aus. Wir fühlen uns verstanden und schützend »gehalten«. Kunstwerke setzen die frühkindliche Erfahrung des »Holding« und »Mirroring« fort. Dadurch können sie wie Schutzschilde wirken an der Grenze zur Traumatisierung.

Ein Gemälde »berührt« uns, wenn es unsere innere Situation in sichtbare Farben und Formen fasst. Ein Gedicht *spiegelt* uns, wenn es unserem sprachlosen Empfinden Worte verleiht. Eine Komposition *trägt* uns, wenn sie in Klängen hörbar macht, was wir momentan fühlen. Kunstwerke sind Spiegel unserer inneren Welt – sie machen äußerlich wahrnehmbar, was uns innerlich bewegt (Wright 2009). Dabei eröffnen sie uns eine Schlüsselerfahrung – »einen Moment, in dem das Innere und das Äußere miteinander übereinstimmen. (…) Wir erleben etwas in der äußeren Welt als Resonanz auf etwas Inneres« (Townsend 2017, S. 22; Winnicott 1986; 1965).

In Situationen der Unsagbarkeit, der Unfassbarkeit und der Unerträglichkeit können Kunstwerke grenzschützend wirken. Wofür wir selbst keine Worte, keine Schemata und keine Muster haben – das finden wir in Kunstwerken in Formen gefasst und *eingerahmt*. Dadurch wirkt Unfassbares nicht mehr überwältigend. Wir können es konfrontieren, ohne »durch die Realität verwundet zu werden« (Boulanger 2007).

Ein Kunstwerk, das uns berührt, löst eine *Holding*-Erfahrung aus: Wir empfinden eine basale Sicherheit – eingeborgen in einen schützenden Raum. Was um uns herum geschieht, kann uns nichts anhaben. Die Furcht, zu fallen oder zu zerbrechen, kann dadurch nicht aufkommen. Die Holding-Funktion der Kunstwerke besteht darin, unsere psychische Integrität zu schützen angesichts einer überwältigenden Wirklichkeit. Holding hat eine grenzschützende Funktion. Es dient dazu, zu »isolieren von der unerbittlichen, unveränderlichen Andersartigkeit«, von der »unerträglichen Fremdheit« einer Lebenssituation (Ogden 2004, S. 1352). Dabei ist die Holding-Funktion des Kunstwerks untrennbar verbunden mit den frühesten lebensgeschichtlichen Erinnerungen (Wright 2009).

Erinnerung an eine geborgene Welt

Jede Berührung erinnert uns an den Anfang unseres Lebens – an das früheste Umhüllt- und Geschütztsein. Der neugeborene Mensch »verlässt die schützende Hülle der Gebärmutter und gelangt in einen völlig andersartigen, fremden Raum« (Posth 2014, S. 36). Berührung hat eine ausgleichende Funktion: Sie macht den Verlust der schützenden vorgeburtlichen Welt erträglich. Gleichzeitig löst sanfte, sensible Berührung das Empfinden geschützter Ich-Grenzen aus (Sunderland 2004). Durch Berührung werden die Grenzen des eigenen Körpers spürbar. Dadurch »nehmen wir unseren eigenen Körper wahr und entwickeln ein Selbstgefühl« (Bremner und Spence 2017, S. 227). Das menschliche Selbstempfinden entsteht wesentlich durch Be-

Pablo Picasso, Girl before a mirror, 1932 / © Succession Picasso / DACS, London 2023 / Bridgeman Images / © VG Bild-Kunst, Bonn 2023

rührung – und nimmt Gestalt an als »berührtes Selbst« (»touched self«) (Ciaunica und Fotopoulou 2017). Im späteren Leben wirkt sanfte, sensible Berührung als biologisches Sicherheitssignal (Eckstein et al. 2020). Somit stellt Berührung das pränatale Empfinden des Geschützt- und Gehal-tenseins wieder her. Unter dem Einfluss von Berührung tritt ein vagaler Entspannungszustand ein: Der Blutdruck sinkt, die Herzfrequenz verlangsamt sich. Auch das Schmerzempfinden verringert sich (Cascio et al. 2019; Goldstein et al. 2018).

Paul Gauguin, Bouquet, 1884 / Bridgeman Images

Frühes Berührungserleben ist zu 65 Prozent mit »Face-to-face«-Interaktionen verbunden (Cascio et al. 2019, S. 8). Somit sind Berührung und visuelle Erfahrung eng miteinander verbunden – insbesondere durch die »Spiegelfunktion« des menschlichen Gesichts.

»Wie ich«-Erfahrungen

»Wie ich« – diese Erfahrung scheint zu Beginn des Lebens vital wichtig zu sein (Meltzoff 2007, S. 126). Jede »Wie ich«-Erfahrung wirkt beruhigend und entlastend im »völlig andersartigen, fremden Raum« der ersten Lebenszeit (Posth 2014, S. 36). Seit frühester Kindheit suchen Menschen immerzu »in der Außenwelt nach Verbindungen zu ihren eigenen inneren Zuständen« (Pedersen et al. 2014, S. 844). Kinder haben »einen angeborenen Blick für Zusammenhänge. Sie suchen die Umgebung ab nach Übereinstimmungen zwischen Ereignissen in der Außenwelt und inneren Zuständen« (Pedersen et al. 2014, S. 844). Dabei wird das Gesicht der Bezugspersonen zum zentralen visuellen Ereignis. Das Gesicht des Gegenübers dient als Spiegel des kindlichen Ich (Fonagy et al. 2010). Somit kommt der frühen *Affektspiegelung* größte Bedeutung zu. Wer sich im Gesichtsausdruck seines Gegenübers wiedererkennen kann, fühlt sich emotional verstanden und sicher »gehalten« (Gergely und Watson 1996). Zugleich ist es möglich, eine Repräsentanz des eigenen Selbst zu verinnerlichen. Sensible Spiegelerlebnisse wirken emotionsregulierend. Das stetige Verwandeln von negativem Erleben in Trost und Beruhigung lässt sich verinnerlichen. Wer immer wieder Tröstung erlebt hat, kann sich später selbst trösten. Somit sind Selbstrepräsentanzen idealerweise mit der Erinnerung an frühes Holding und Mirroring verbunden (Pedersen et al. 2014, S. 854).

Kulturelles »Holding«

Das *körperliche* Geschützt- und Getragensein setzt sich im Idealfall fort im *psychischen* Holding durch die Familie, die Gesellschaft, die Natur und die Kultur. Der Kinderarzt und Psychoanalytiker Donald Winnicott sprach von den »konzentrischen Kreisen« einer haltenden Umgebung (»holding environment«; Winnicott 1965). Die frühen mütterlichen Gesten des Berührens und Haltens sollten in gesellschaftliches und kulturelles Holding übergehen. In diesem Kontext kommt der Kunst ein tragendes Potenzial zu:

- Kunstwerke können das lebensgeschichtlich frühe Holding fortsetzen.

- Sie vermitteln Spiegelbilder, wenn mitmenschliches Mirroring an Grenzen gerät.
- Fehlt menschliches Holding, kann ein Kunstwerk zum Gegenüber werden und haltend wirken (Wright 2009).

Was geschieht in der inneren Welt, wenn das Leben in der äußeren Welt unerträglich wird? Was kann kompensatorisch wirken, wenn mitmenschliche Erfahrungen destruktiv sind und die Gesellschaft einen Menschen »fallen lässt«? (Kallsched 1996). Können Kunstwerke Menschen auffangen, bevor sie fallen? (Bollas 2012). Fragen wie diese sind wichtig, um das therapeutische Potenzial der Kunstwerke zum Tragen zu bringen. Kunsttherapie beginnt häufig erst *nach* einem psychischen Trauma. Selten kommt die *traumapräventive Funktion* der Kunst zur Geltung. Kunstwerke können »die Erfahrung formen«, wenn Menschen mit Unsagbarem und Unfassbaren konfrontiert sind (Wright 2006). Sie können als Schutzschilde dienen gegen Überwältigung durch das »Undenkbare, wenn es keinen begrenzenden Rahmen gibt für die Kräfte der inneren psychischen Realität – und niemand eine haltende Hand bietet« (Winnicott 1986, S. 115). Vor diesem Hintergrund erscheint die Rolle der Kunst für das menschliche Leben in neuem Licht.

In Berührung bleiben

Seit Jahrtausenden ermöglicht Kunst den Menschen, ihre Innenwelt »nach außen zu wenden« – und so den Sinnen zugänglich zu machen: »Indem wir unsere inneren Prozesse greifbar und äußerlich machen, sind wir in der Lage, unsere psychischen Erfahrungen in physische Wahrnehmung umzuwandeln. Dies gibt uns die Möglichkeit (...) Unterstützung zu erhalten und Solidarität mit anderen aufzubauen (McCarthy 2021, S. 1).

Es ist von vitaler Bedeutung, dass Menschen sich *berühren lassen* von den künstlerischen Ausdrucksformen der Vergangenheit und der Gegenwart. Kunstwerke, die Menschen berühren, haben immer auch ein *soziales Potenzial:* Sie können privates, individuelles Leiden öffentlich machen. Mitmenschen erleben dann einen Identifikationsprozess: Darin kann ich mich wiedererkennen! Auch mir geht es so. Kunstwerke, die berühren, können Trauer und emotionalen Schmerz in den öffentlichen Raum bringen. So durchbrechen sie die gesellschaftliche Marginalisierung und Privatisierung des Leidens und der Trauer (Holst-Warhaft 2000).

Unsere Zeit ist mehr als jede andere geprägt »durch das Zerbrechen und die Zerstörung haltender Umwelten« (Applegate 2013, S. 13). Umso wichtiger ist es, dass die helfenden Berufe eine schützende Holding-Funktion für Menschen in verletzlichen Lebenssituationen verwirklichen können. Doch professionelles, menschliches Holding kann an Grenzen der Einfühlbarkeit geraten. Wo menschliche Worte und Gesten enden, beginnt die Ausdruckssprache der Kunst. Sie kann sogar das »Unfassbare fassbar machen« – damit Menschen Holding erleben und miteinander *in Berührung bleiben* (Havsteen-Franklin und Altamirano, 2015, S. 54).

 Dr. phil. **Diana Staudacher** studierte Germanistik und Humanmedizin. Sie arbeitet als freie Publizistin und ist als wissenschaftliche Mitarbeiterin im Universitätsspital Zürich sowie an der Fachhochschule St. Gallen, Fachbereich Gesundheit, tätig.

Kontakt: diana.staudacher@gmail.com

Literatur

Applegate, J. (2013). The erosion of the sociopolitical holding environment and the collapse of the potential space for creative repair. In: Ruderman, E.; Tosone, C. (Hrsg.): Contemporary clinical practice: The holding environment under assault. New York.
Bollas, C. (2012). Catch them before they fall. London/New York.
Bremner, A., Spence, C. (2017). The development of tactile perception. In: Advances in Child Development and Behavior, 52, S. 227–268.
Boulanger, G. (2007). Wounded by reality: Understanding and treating adult onset trauma. Malwah.
Cascio, C.; Moore, D.; McGlone, F. (2019). Social touch and human development. In: Developmental Cognitive Neuroscience, 35, S. 5–11.
Ciaunica, A.; Fotopoulou, A. (2017). The touched self: Psychological and philosophical perspectives on proximal intersubjectivity and the self. In: Durt, C.; Fuchs, T.; Tewes, C. (Hrsg.): Embodiment, enaction, and culture: Investigating the constitution of the shared world (S. 173–192). Boston.
Eckstein, E.; Mamaev, I.; Ditzen, B.; Sailer, U. (2020). Calming effects of touch in human, animal, and robotic interaction: Scientific state-of-the-art and technical advances. In: Frontiers in Psychology, 11, 555058.
Fonagy, P.; Gergely, G.; Jurist, E.; Target, M. (2010). Affect regulation, mentalization, and the development of the self. London.
Gergely, G.; Watson, J. (1996). The social biofeedback theory of parental affect-mirroring: The development of emotional self-awareness and self-control in infancy. In: International Journal of Psychoanalysis, 77, S. 1181–1212.
Goldstein, P.; Weissman-Fogel, I.; Dumas, G.; Shamay-Tsoory, S. (2018). Brain-to-brain coupling during handholding is associated with pain reduction. In: Proceedings of the National Academy of Sciences (PNAS), 10.1073/pnas.1703643115
Havsteen-Franklin, D.; Altamirano, J. (2015). Containing the uncontainable: Responsive art making in art therapy as a method to facilitate mentalization. In: International Journal of Arts Therapy, 20, 2, S. 54–65.
Holst-Warhaft, G. (2000). The cue for passion: Grief and its political uses. Cambridge.
Kallsched, D. (1996). The inner world of trauma. London.
McCarthy, C. (2021). Art making to externalize emotions related to COVID-19. https://greaterchicagoarttherapy.com/art-therapy-blog/art-making-to-externalize-emotions-related-to-covid-19-reduce-internal-stress-and-promote-post-traumatic-growth.
Meltzoff, A. (2007). ›Like me‹: A foundation for social cognition. In: Developmental Science, 10, 1, S. 126–134.
Ogden, T. (2004). On holding and containing, being and dreaming. In: International Journal of Psychoanalysis, 85, 6, S. 1349–1364.
Pedersen, S.; Poulsen, S.; Lunn, S. (2014). Affect regulation: Holding, containing and mirroring. In: International Journal of Psychoanalysis, 95, S. 843–864.
Posth, R. (2014). Vom Urvertrauen zum Selbstvertrauen. Das Bindungskonzept in der emotionalen und psychosozialen Entwicklung des Kindes. Münster.
Sunderland, M. (2004). The neurobiology of attachment, touch and the body in early development. In: White, K. (Hrsg.): Touch: Attachment and the body (S. 57–58). London.
Townsend, P. (2017). The artist's creative process: A Winnicottian view. Dissertation. University College London.
Winnicott, D. (1965). The maturational processes and the facilitating environment: Studies in the theory of emotional development. London.
Winnicott, D. (1975). Through paediatrics to psychoanalysis. New York.
Winnicott, D. (1986). Mirror-role of mother and family in child development. Playing and Reality. Harmondsworth.
Wright, K. (2006). The shaping of experience. In: British Journal of Psychotherapy, 21, S. 525–541.
Wright, K. (2009). Mirroring and attunement. Self-realization in psychoanalysis and art. London.

Tonnenschwer …

Die Schwerkranke liegt im Bett.
Ein Besucher kommt
und will ihr zeigen,
dass er bei ihr ist.
Er meint es gut
und legt seine Hand
auf die von ihr.
Dort liegt sie dann,
tonnenschwer
für längere Zeit.

Die Schwerkranke aber
hat nur den einen Wunsch:
Von dieser Last befreit zu sein.

vectoraart / Shutterstock

Leidfaden, Heft 4 / 2023, S. 71, ISSN (Printausgabe): 2192-1202, ISSN (online): 2196-8217, © 2023 Vandenhoeck & Ruprecht

BERÜHRT und BETROFFEN –
ein Zuviel an Resonanz?

Birgitta Hadatsch-Metz und Christian Metz

Liebe Lesende, lassen Sie uns zunächst mit einer kurzen Selbstanwendung in das Thema einsteigen: Was empfinden Sie körperlich, was fühlen Sie, wenn Sie die beiden Begriffe »berührt« und »betroffen« hier lesen beziehungsweise sich selbst laut vorsagend hören? Ich (Birgitta Hadatsch-Metz) empfinde bei »berührt« wahrscheinlich schon durch die Dehnung des Vokals zarte Qualitäten, zum Beispiel in den Augen, der Bauch fühlt sich weich an; hingegen hört sich »betroffen« für mich hart an, wie ein Stoß in die Magengegend. Das ist für jeden Menschen unterschiedlich. Jedenfalls gerät etwas in uns im wahrsten Sinn des Wortes leibhaftig ins Schwingen, es lässt uns nicht »kalt«.

Ferner: Welche Gedanken und Erinnerungen tauchen auf? Wann waren Sie selbst denn zuletzt berührt oder betroffen? Haben Sie ähnliche Empfindungen und Gefühle verspürt? Welche Situationen kommen Ihnen dazu in den Sinn?

Berührt sein, betroffen sein – eine Herausforderung

Dieser Tage bekam ich (Christian Metz) per Mail eine Supervisionsanfrage:

»(...) ich wollte dich schon länger kontaktieren für eine Supervision, da ich mich immer wieder frage, wie ich mit dem Thema ›Sterben und Trauer‹ als Begleiterin weitermachen soll bzw. ob ich überhaupt in diese Richtung gehen kann, da ich emotional so stark berührt bin dadurch. Gleichzeitig begleitet mich das Thema jetzt schon so lange und ich habe ja bereits etliches an Ausbildung dazu gemacht, dass es mir blöd vorkommt, diesen Bereich fallen zu lassen. Wäre eine Supervision zu dem Thema bei dir möglich?«

Eine solche Anfrage wirft einige Fragen auf: Worauf kommt es in gelingenden zwischenmenschlichen Begegnungen vor allem an? Was will in »professionellen Care-Kontakten« – und darüber hinaus – beachtet werden, damit insbesondere Begegnungsmomente, die uns berühren und/oder betroffen machen, für alle Beteiligten wirklich lebensförderlich sind?

Dazu ist kritisch zu betrachten und einzubeziehen, in welchen Kontexten wir leben und arbeiten. Produzieren die jeweiligen Umgebungen und Rahmenbedingungen tendenziell *Compassion Fatigue* und *Moral Distress,* also eine Mitgefühl-Erschöpfung angesichts der erlebten Kluft zwischen dem, was gut und richtig zu tun oder zu lassen wäre, und den auferlegten »Zwangssituationen«, die eine gute Sorge verunmöglichen? Inwieweit werden Caregiver unweigerlich zerrissen und zerrieben im Spagat zwischen (zu) hohen Ansprüchen (von innen wie von außen) und der konkret erlebten Wirklichkeit? Wie können wir mit Betroffenheit und Berührbarkeit umgehen, ohne über kurz oder lang erschöpft auf der Strecke zu bleiben?

Die Jahre der Pandemie haben Schwachstellen und Diskrepanzen noch deutlicher offengelegt. Was gilt in Zeiten der Krise und permanenter Überforderung? Was ist (noch und wie lange) leistbar und was wird honoriert? Was wird – letztlich »ohne Rücksicht auf Verluste« – erwartet und abverlangt? Was ist der Preis dafür – und wer zahlt diesen? Welches Konzept von Professionalität ist dabei leitend? Braucht es ein verhal-

Leidfaden, Heft 4 / 2023, S. 72–77, ISSN (Printausgabe): 2192-1202, ISSN (online): 2196-8217, © 2023 Vandenhoeck & Ruprecht

marsi / photocase.de

tensorientiertes Achtsamkeitstraining zu »professioneller Distanz« oder geht es eher um die Frage, in welcher Einstellung, Haltung und Präsenz *professionelle Nähe* möglich werden kann und so auch auf Dauer lebbar ist?

Ein Blick auf die Wortverlaufskurven zu »berührt« und »betroffen« lässt deutlich erkennen, dass diese Wörter zunehmend mehr verwendet werden (vgl. https://www.dwds.de/wb/berühren; https://www.dwds.de/wb/betroffen). Doch lässt sich daraus schon ableiten, wir seien stärker betroffen oder berührbarer geworden – zumal in Zeiten von verordnetem »Social Distancing«?!

Berührt und betroffen – eine Fähigkeit zur Resonanz in Beziehungssituationen

Eine Frage weckt viele Fragen. Diese können unseren Denk- und Handlungsspielraum eher erweitern als (gutgemeinte!) Ratschläge und Patentantworten. So möchten wir einige Reflexionsfragen mit Ihnen teilen:

- Welche Antwort ist im Moment stimmig – in Resonanz zu einer anderen Person, die mich anspricht, anfragt, braucht, sowie zu meiner eigenen inneren Resonanz?

- Wann und inwieweit ist es für die Begegnung mit anderen möglich und förderlich standzuhalten und so ein verlässliches Gegenüber zu sein, womöglich mit dem eigenen Zweifel und der erlebten Verunsicherung? Kann ich schweigend »einfach da sein« und bleiben, auch wenn ich mich in der gegebenen Situation machtlos erlebe?
- Wann erscheint es besser, beizeiten Abstand zu nehmen, das Weite zu suchen, sich deutlich(er) abzugrenzen, einen Unterschied zu markieren, wo Erwartungen, Ansprüche oder Vorstellungen der anderen an eigene Grenzen stoßen oder sich schlichtweg als unpassend erweisen?
- Was ist zu tun oder besser zu lassen, wenn wir (Augen- und Ohren-)Zeug*innen von Horrorsituationen werden, die für alle Beteiligten schwer auszuhalten sind? Der Impuls zu fliehen, »sein Heil in der Flucht zu suchen« oder andere vorzuschicken, um selbst einer solchen Notsituation und erlebten Ohnmacht zu entkommen, will zunächst mit wohlwollendem Verständnis beachtet werden. Sind wir doch zur Resonanz nur fähig bei ausreichend erlebter Sicherheit (vgl. dazu auch die Erkenntnisse der Polyvagal-Theorie nach Porges).

Neben einem solchen Fluchtimpuls gibt es die Intention, die andere Person gerade in ihrer Not nicht im Stich lassen zu wollen. Solche herausfordernden Momente eines erlebten inneren Widerspruchs können zu hilfloser Erstarrung und Lähmung führen, wo wir äußerlich oder/und emotional (neuronal) abschalten. Oder es wird den drohenden oder empfundenen Ohnmachtssituationen der Kampf angesagt: Wir geraten in besinnungslosen (»blinden«) Aktivismus (»tu endlich was!«) oder wir weisen vorwurfsvoll anderen die Schuld zu. Solche unterschiedlichen Tendenzen sind zunächst einmal vorhanden. Entscheidend ist, inwieweit ausreichend Sicherheit und Halt erlebt werden – bei aller empfundenen Unsicherheit und Ungewissheit, ob so ein wirksamer Beistand und konkrete Unterstützung im Miteinander möglich sind.

Auseinandersetzung und Begegnung mit dem Anderen

»Wenn wir eines Weges gehen und einem Menschen begegnen, der uns entgegenkam und auch eines Wegs ging, kennen wir nur unser Stück, nicht das seine, das seine nämlich erleben wir nur in der Begegnung [...]: das DU tritt mir gegenüber. Aber ich trete in die unmittelbare Beziehung zu ihm. So ist die Beziehung Erwählt-werden und Erwählen, Passion und Aktion in einem« (Buber 1962, S. 72).

Es lässt sich immer wieder beobachten, dass gerade die Unterschiede im Erleben und im Ausdruck anregen und weiterführen. Sie können ein guter Grund sein für eine vertiefende Beziehung – gerade auch in der Krise, in der kritischen Auseinandersetzung. Wie viel Befremdung und Verunsicherung sind – gerade in Grenzsituationen, bei knappen Ressourcen an (Lebens-)Zeit und Kraft – für wen – noch zumutbar und erträglich? Wann ist es *so* (gut) genug – zumindest für den Moment? Es bedarf innerer Achtsamkeit, äußerer Abstimmung mit der anderen Person und einer selbstkritischen Offenheit in der jeweiligen Begegnung im Hier und Jetzt sowie einer Anerkennung und Beachtung der eigenen Grenzen.

Abgrenzen oder angrenzen – welche Intention ist leitend?

Die zunehmende Digitalisierung nimmt auch das Feld der Beratung und Therapie von diesem Trend nicht aus: Es boomt der Markt der Online-Dienste, es werden Beratungs- und Therapie-Apps im großen Stil entwickelt – mit steigender Nachfrage: kostengünstig(er), ortsunabhängig, qualitätskontrolliert, leichter zu organisieren im dicht gedrängten Alltagsprogramm ... Eine Fülle

Wassily Kandinsky, Composition with Circles and Lines, 1926 / © Peter Willi / Bridgeman Images

In welcher Einstellung und Bezugnahme leben wir, welches Weltverhältnis lässt Welt und Selbst in ein Resonanzverhältnis bringen? Hierbei ist die je eigene Biografie bedeutsam und ausreichend zu verstehen, um aktuelle Empfindungen von Berührt- und Betroffensein entsprechend deuten zu können.

von evidenten Vorteilen – doch inwieweit hat ein solcher Zugewinn an Selbstbestimmung in den eigenen vier Wänden auch seinen Preis? Droht damit nicht eine zunehmende »Ent-Körperung unseres sozialen menschlichen Daseins« (Kreszmeier 2021, S. 16)?

Wir gewöhnen uns gerade daran, dass körperliche Begegnungen nicht nur potenziell gefährlich, sondern auch mehrheitlich unnötig sind. Doch was geht alles verloren an Sinneseindrücken, an Kontakt mit der »Außen-Welt« – allein schon die Wege hin und zurück, die gespürte Atmosphäre eines konkreten Ortes, die Gerüche der Umgebung, der Ton der Glocke, die leibhaftige zwischenmenschliche Begegnung mit all den oft unmerklichen nonverbalen Körperäußerungen etc. Momente der Begegnung sind immer auch etwas Aufregendes, weil es eine in Echtzeit stattfindende Erfahrung ist, wo Unvorhersehbares, Unplanbares geschieht. Der lebendige Raum einer leiblich-situierten Begegnung hat etwas Unverfügbares. Wie auch der Hautkontakt eine unverzichtbare Bedingung ist für unsere Entwicklung als Menschen.

Will man sich den anderen im digitalen Raum womöglich auch ein wenig »vom Leib halten«? Ist es dadurch einfacher oder sicherer, um selbst »in Kontrolle zu sein«? Inwieweit wirkt ein zweidimensionales »Bildschirm-Gegenüber« (auch) als Resonanzblockade? Dienen Online-Kontakte oder -Therapien als mögliche Puffer gegenüber direkter Berührung oder allzu großer Betroffenheit? Zugleich können die neuen Online-Beratungen auch dazu beitragen, allzu viel Nähe (zumindest anfänglich) besser dosieren zu können auf ein bekömmliches Maß. Doch es könnte auch ein eleganter Distanzierungsversuch sein, um sich vor drohender Gefühlsansteckung zu schützen. Was bedeutet es etwa, wenn Pflegepersonen, je höher sie qualifiziert sind, umso weniger direkten Kontakt zu den ihnen anvertrauten Menschen haben?

Einfühlendes Verstehen gilt als eine notwendige und entscheidende Bedingung für förderliche zwischenmenschliche Beziehungen. Dazu ist Selbst-

erfahrung unverzichtbar. Wie könnte ich sonst bemerken, wann es genug ist oder es mir (langsam) zu viel wird? Nur in bewusster Körperwahrnehmung kann angemessen Nähe und Distanz reguliert und hinsichtlich von Dauer und Wechsel entsprechend dosiert werden. Es kommt darauf an, immer wieder ein bekömmliches Maß zu finden, um nicht auf Dauer abzustumpfen oder (notgedrungen) abzuschalten oder aber sich total mit der anderen Person zu identifizieren (»ich bin ganz bei dir«). So lässt sich leichter verhindern, in einen Sog des Mitleids gezogen zu werden, wo wir zunehmend a-pathisch untergehen (»shut down«) oder angesichts drohender Ohnmacht durch einen verzweifelten Abwehrversuch die Person, die »mir Leid tut«, attackieren oder meiden.

In manchen (hospizlichen?) Kontexten scheint bisweilen ein Betroffenheitsjargon zu herrschen, gleichsam als Berechtigung und Eintrittskarte, um überhaupt mitreden zu dürfen. Doch zu beachten ist, dass Menschen, die sehr betroffen wirken, nicht die am meisten Betroffenen sein müssen. Sind wir als Mitmenschen nicht alle unweigerlich existenziell betroffen? Die andere Person geht mich etwas an, zumindest potenziell, da jede und jeder von uns sterblich ist und auch krank werden kann.

Es bedarf also der Differenz und inneren Beweglichkeit von Öffnung und schützender Selbstschließung (Rosa 2019). In welcher Einstellung und Bezugnahme leben wir, welches Weltverhältnis lässt Welt und Selbst in ein Resonanzverhältnis bringen? Hierbei ist die je eigene Biografie bedeutsam und ausreichend zu verstehen, um aktuelle Empfindung(en) von Berührt- und Betroffensein entsprechend deuten zu können. Wie sehr jemand – etwa von einem potenziell traumatisierenden Ereignis – betroffen ist, kann man als Außenstehende/r nur schwer einschätzen. Trotzdem gibt es einige Anhaltspunkte, die eine Einschätzung erleichtern können – etwa geografische, physische oder psychosoziale Nähe beziehungsweise eine multifaktorielle Belastungssituation (vgl. dazu die »Kreise der Betroffenheit«; Bildungsdirektion Tirol).

Die »Responsivität« oder »Antwortlichkeit« gilt jedenfalls als die elementarste Grundeigenschaft des Menschen und des menschlichen Weltverhältnisses (Waldenfels; vgl. Busch, Därmann und Kapust 2007). Wir sind resonanzfähige Wesen (Rosa 2019). Uns begegnet die Welt unaufhörlich: allein schon durch das Atmen, Essen und Trinken (und Ausscheiden) – in einem ständigen intersubjektiven Austauschprozess.

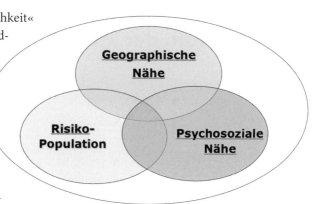

In diesem Zusammenhang sei noch die kostbare Ressource der inter-/multiprofessionellen Teamarbeit erwähnt: die Möglichkeit, sich zurückzunehmen, etwas abzugeben, sich situativ wechselseitig freizuspielen und zu entlasten. Dazu bedarf es allerdings entsprechender Rahmenbedingungen und einer ausreichenden inneren und äußeren Ausstattung sowie einer lebensförderlichen Einstellung. Zugute kommt dabei ein einfühlsam verstehender Dialog mit sich selbst und den anderen. Und jedenfalls gilt:

»Mehr als das situativ Mögliche verlangt das Leben nicht. Was mehr ist, kommt von den Ansprüchen, nicht vom Leben« (Längle 2011).

Dr.in **Birgitta Hadatsch-Metz**, Psychotherapeutin (SF) und Juristin. Sie arbeitet als Psychotherapeutin in freier Praxis mit den Schwerpunkten Traumatherapie (u.a. Somatic Experiencing (SEP)), Psychoonkologie, Palliative Care sowie als Supervisorin im Sozial- und Gesundheitswesen.

Kontakt: birgitta.hadatsch@gmail.com

Mag. Dr. **Christian Metz** Studium der Philosophie, Psychologie, Erwachsenenpädagogik, Theologie. Er arbeitet als Personzentrierter Psychotherapeut und Supervisor in freier Praxis; Lehrtherapeut und Ausbilder des FORUM (Personzentrierte Psychotherapie, Ausbildung, Praxis); Somatic Experiencing Practitioner (SEP).

Kontakt: cmetz@me.com

Literatur

Bildungsdirektion Tirol (o.J.). Kreise der Betroffenheit. https://krisenintervention.tsn.at/hintergrundwissen/kreise-der-betroffenheit (Zugriff am 2.4.23).

Buber, M. (1962/1997). Das Dialogische Prinzip. 8. Auflage. Gerlingen.

Buber, M.; Rogers, C. R. (1984). Carl Rogers im Gespräch mit Martin Buber. In: Arbeitsgemeinschaft Personenzentrierte Gesprächsführung (Hrsg.): Persönlichkeitsentwicklung durch Begegnung. Das personenzentrierte Konzept in Psychotherapie, Erziehung und Wissenschaft (S. 52–72). Wien.

Busch, K.; Därmann, I.; Kapust, A. (Hrsg.) (2007). Philosophie der Responsivität. Festschrift für Bernhard Waldenfels zum 70. Geburtstag. München.

Kreszmeier, A. (2021). Natur-Dialoge: Der sympoietische Ansatz in Therapie, Beratung und Pädagogik. Heidelberg.

Längle, A. (2011). Sinnvoll leben: Eine praktische Anleitung der Logotherapie. Salzburg.

Levinas, E. (1983). Die Spur des Anderen. Untersuchungen zur Phänomenologie und Sozialphilosophie. Freiburg i. Br.

Moreno, J. L. (1915). Einladung zu einer Begegnung. Das Testament des Schweigens. Flugbericht I von Jakob Levy. Wien.

Porges, S. (2021). Die Polyvagal-Theorie und die Suche nach Sicherheit. Traumabehandlung, soziales Engagement und Bindung. Lichtenau.

Rosa, H. (2019). Resonanz. Eine Soziologie der Weltbeziehung. Berlin.

Schmid, P. F. (1989). Personale Begegnung. Der personzentrierte Ansatz in Psychotherapie, Beratung, Gruppenarbeit und Seelsorge. Würzburg.

Berührung: Arbeiten im persönlichen und intimen Raum der Menschen

Rainer Simader

Berührung, eine besondere Form von persönlicher und intimer Nähe, ist in der der Begleitung von schwer erkrankten, sterbenden und hochbetagten Menschen allgegenwärtig. Da es sich oft um vulnerable Personen handelt, bedarf es eines reflektierten Umgangs mit Nähe und Berührung.

Ziele der Fortbildung

Die Teilnehmenden (TN) …

- reflektieren die besondere Situation von schwer erkrankten Menschen/sterbenden/hochbetagten Menschen bezüglich Berührung.
- reflektieren eigene Berührungserfahrungen und Berührungswünsche beziehungsweise Berührungsgrenzen.
- reflektieren, wie behutsame und bedeutungsvolle Berührungsangebote im Kontext der Begleitung in ihrem Arbeitsalltag angeboten werden können.

Dauer der Fortbildung

4 Stunden mit zwei Pausen.

Maximale TN-Zahl

10–14 Personen.

Räumliches Setting

Stuhlkreis in einem Raum; die Größe des Raumes soll so gewählt werden, dass sich die TN auch gehend durch diesen Raum bewegen können.

Benötigte Arbeitsmaterialien und technische Ausstattung

- pro TN zwei Kopien des Bodycharts (schematische Darstellung des menschlichen Körpers; Abbildung 1 in Größe DIN A4)
- pro TN eine Kopie der Abbildung Distanzzonen-Modell (Abbildung 2)
- Karteikarten
- Flipchart
- farbige Stifte für jeden TN (grün, gelb und rot)
- Pinnwand

Wichtige Hinweise zu Beginn

- Diese Fortbildung kann sowohl als eigenständige Fortbildung (zum Beispiel für ein Team) durchgeführt als auch als eigener Block in eine größere Fortbildung integriert werden.
- Je nachdem, ob sich die TN bereits kennen, gibt es eine kurze Vorstellungsrunde zu Beginn. Die Vorstellungsrunde in der untenstehenden Übersicht (Punkt 1) ist eine Möglichkeit dazu.
- Je nach Zielsetzung können einzelne Sequenzen aus dieser Fortbildung isoliert als Übungen angeboten werden.
- Berührung ist auch für TN ein persönliches Thema und sie kommen mit ihrer eigenen »Berührungsgeschichte« und eigenen Berührungserfahrungen in diese Fortbildung. Da die Auseinandersetzung mit der eigenen Berührung emotional berühren kann, ist es empfehlenswert, diese Fortbildung mit zwei

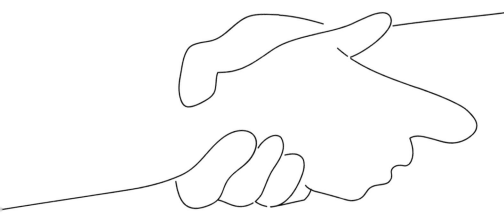

Bianca Van Dijk from Pixabay

Kursleiter*innen durchzuführen, damit etwaige auftretende Emotionen gegebenenfalls auch abseits der Gruppe gut begleitet werden können.

- Diese Fortbildung beinhaltet zu Beginn eine Sequenz, in der die TN gebeten werden, durch den Raum zu gehen (Punkt 3 in der Übersicht). Sollte eine TN körperlich nicht dazu in der Lage sein, so kann diese sitzen bleiben. Die anderen TN werden gebeten, bei dieser Bewegungsübung diese sitzenden Personen miteinzubeziehen.

- Die Kursleitung hat eine moderierende und die Diskussion fördernde Rolle. Dabei ist es wichtig, immer die Bedeutung für die Praxis der TN herauszuarbeiten (zum Beispiel: »Wie kann dies in der Praxis umgesetzt werden? Welche Beobachtungen machen Sie im Alltag? Welche Fragen und Herausforderungen können dabei entstehen und wie kann mit diesen umgegangen werden?«).

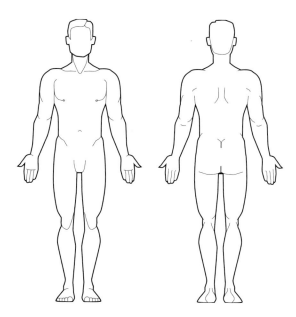

Abbildung 1: Bodychart

Aufbau der Fortbildung

(TN = Teilnehmende; KL = Kursleitung)

	Zeit	Ziel	Durchführung	Material/Setting
1	10 Minuten	TN lernen sich kennen	TN werden reihum gefragt, wer sie sind, was sie beruflich tun, was und wer sie heute schon berührt hat und wen sie schon berührt haben.	Stuhlkreis
2	10 Minuten	TN kennen die Ziele der Fortbildung	Die KL erklärt die Ziele und den Hintergrund der Fortbildung.	Stuhlkreis
3	30 Minuten (ca. 5–10 Minuten Bewegungsübung und ca. 20–25 Minuten Reflexion)	TN reflektieren über Berührungserfahrung und Annäherung an das Thema »Berührung und Berührt-werden«	Die KL bittet die TN, die Stühle an den Rand des Raumes zu stellen, sodass genügend Platz innerhalb des Kreises ist. Die TN werden gebeten *schweigend* durch den Raum zu gehen. Während des Umhergehens erhalten die TN von der KL nacheinander Aufträge (mit ausreichend Zeit zwischen diesen): Auftrag 1: Es begrüßen sich die Hände (»Wann immer ein anderer TN entgegenkommt, begrüßen sich die TN, indem sie die Hände schütteln oder durch andere Handbewegungen«). Auftrag 2: Es begrüßen sich die Knie (»...«) Auftrag 3: Es begrüßen sich die Rücken (»...«) Auftrag 4: Es begrüßen sich die Ellenbogen (»...«) • Nach dem letzten Auftrag werden die TN gebeten, weiter im Raum umherzugehen und für sich nachzudenken und nachzuspüren. • »Wie hat es sich angefühlt, mit anderen Menschen ausschließlich über Berührung in Kontakt zu treten?« • »Gab es Unterschiede im Erleben, mit welchen Körperteilen ich in Kontakt getreten bin?« • »Wann im Alltag könnten Berührungen dieser Körperteile bewusst oder unbewusst geschehen?« Anschließend werden die TN gebeten, wieder Platz zu nehmen. Die KL führt durch eine Reflexionsrunde und Diskussion (nicht jede*r TN muss etwas sagen).	Stühle zur Seite schieben; Bewegungsübung
4	5 Minuten	Wissenserweiterung Distanzzonen	Die TN erhalten einen Ausdruck der Abbildung 2 (Distanzzonen). Abbildung 2: Distanzzonen-Modell	Für jeden TN ein Ausdruck des Distanzzonen-Modells

	Zeit	Ziel	Durchführung	Material/ Setting
			Die KL erklärt diese Distanzzonen (dazu findet die KL im Internet auch weitere Informationen mit den Schlagworten »Distanzzonen« und »Proxemik«). (Die KL kann die TN bitten, jeweils in Paaren oder in Kleingruppen die jeweiligen Distanzen auszuprobieren; z. B. stellen sich Personen mit den jeweiligen Distanzen gegenüber auf.)	
5	10 Minuten	Reflexion der beruflichen Praxis	Die TN werden gebeten, in Kleingruppen (maximal 4 Personen) folgende Fragen zu besprechen und relevante Gedanken zu notieren: • »Nennen Sie Beispiele aus Ihrem beruflichen Alltag (bezogen auf die Tätigkeit, aufgrund derer Sie diese Fortbildung besuchen): Bei welchen Aufgaben sind Sie in welchen Distanzzonen tätig?« • »Findet in diesen Distanzzonen Berührung statt?« • »Wenn ja, welche Qualität haben diese Berührungen und mit welchen Ziel werden diese Berührungen ausgeführt?«	Distanzzonen-Modell; Stift und Papier Kleingruppen
6	10 Minuten	Reflexion der beruflichen Praxis	Die TN berichten im Plenum aus den Kleingruppen. Wichtig ist in diesem Kontext vor allem die Reflexion der Berührung: Warum wird berührt? Haben diese Berührungen ein Ziel? Was soll durch diese Berührung erreicht werden? (Verbesserung? Linderung? etc.)	Stuhlkreis
	20 Minuten		PAUSE	
7	10 Minuten	Reflexion der eigenen Berührungserfahrung und -präferenzen	Die TN erhalten jeweils ein Bodychart (schematische Darstellung des Körpers; Abbildung 1). Die KL bittet die TN, die kommende Übung für sich selbst zu machen, ohne in den Austausch mit einer anderen Person zu gehen. Die KL betont, dass die Erfahrungen nicht in der großen Gruppe geteilt werden müssen. Die TN sollten im Raum bleiben. • »Zeichnen Sie mit grüner Farbe ein, wo Sie von fremden Menschen auf unbekleideter Haut berührt werden dürften.« • »Zeichnen Sie mit gelber Farbe ein, wo Sie von Familienmitgliedern und nahen Freunden auf unbekleideter Haut berührt werden dürften.« • Zeichnen Sie mit roter Farbe ein, wo Sie nur von Ihrem/Ihrer Intimpartner*in auf unbekleideter Haut berührt werden dürften/oder wo Sie sich nur selbst berühren möchten.«	1 Bodychart pro TN, drei farbige Stifte (grün, gelb, rot)

	Zeit	Ziel	Durchführung	Material/ Setting
8	10 Minuten	Reflexion von Berührungserfahrungen von schwer erkrankten/ sterbenden/hochbetagten Menschen	Die TN erhalten wiederum jeweils ein Bodychart (Abbildung 1). Die KL bittet die TN nun wieder, in Einzelarbeit auf dem Bodychart einzutragen, wo und von wem schwer erkrankte/sterbende/hochbetagte Menschen berührt werden.	1 Bodychart pro TN
9	20 Minuten	Austausch und Reflexion zur Berührungserfahrung von schwer erkrankten/sterbenden/hochbetagten Menschen	Die KL bittet die TN, in Kleingruppen zu gehen (maximal 4 Personen), sich zu nachstehenden Punkten auszutauschen und zu jeder Frage ein paar Antworten zu notieren: • »Welche Gemeinsamkeiten können Sie auf dem Bodychart erkennen, auf dem Sie die Berührungserfahrung von schwer erkrankten/sterbenden/hochbetagten Menschen eingetragen haben?« • »Welche ›Berührungsbiografie‹ könnten schwer erkrankte Menschen mitbringen (aus ferner, aber auch jüngerer Vergangenheit), die diese Personen maßgeblich geprägt hat?« • »Auch wenn Berührungen ›wohlgemeint‹ sind und Ziele verfolgen (zum Beispiel Körperpflege, Transfers): Welche negativen Erlebnisse, Gefühle etc. können diese bei Menschen auslösen?« • »Wie könnte sich dies in der Begleitung und Betreuung dieser Menschen verbal und nonverbal äußern?«	Stift und Papier Kleingruppen
10	20 Minuten	Vertiefende Auseinandersetzung mit der Berührungserfahrung von schwer erkrankten/sterbenden/hochbetagten Menschen	Die TN kommen wieder im Plenum zusammen. Die KL bittet die TN, aus den Gruppen zu berichten. Bevorzugt zu jeder Frage einzeln. Die KL bittet eine Gruppe zu beginnen und die weiteren Gruppen zu ergänzen. • »Was fanden Sie im Austausch besonders spannend?« • »Welche Gedanken hatten Sie zu den ›Berührungsbiografien‹, und wie könnten sich diese auf die gegenwärtige Situation eines schwer kranken/sterbenden/hochbetagten Menschen auswirken?« • »Welche negativ erlebten Auswirkungen kann selbst ›wohlgemeinte‹ Berührung haben und wie kann sich diese äußern?«	Stuhlkreis
11	5 Minuten	Zusammenfassung und Abschluss der Analyse	Die KL beendet diesen Themenkomplex, indem sie eine kurze Zusammenfassung macht, gegebenenfalls auch beschreibt, was sie beim Zuhören berührt hat. Es wird auch geklärt, ob es in der Gruppe noch Fragen oder Anmerkungen gibt. Anschließend gibt sie einen Hinweis darauf, was nach einer weiteren Pause im Programm folgt. Aufgrund der möglicherweise tiefen Auseinandersetzung mit den Geschichten von Betroffenen und der Reflexion der eigenen Berührungserfahrung ist ein guter Abschluss dieses Teils wichtig.	Stuhlkreis
	20 Minuten		**PAUSE**	

	Zeit	Ziel	Durchführung	Material/ Setting
12	10 Minuten	Reflexion eines achtsamen Umgangs mit Berührung bei vulnerablen Menschen	Die KL bittet die TN nach der Pause drei Gruppen zu bilden. Ziel ist, dass jede Gruppe *eine* der nachfolgenden Fragen diskutiert und jede Antwort auf einer Moderationskarte dokumentiert. Bei dieser Übung werden die TN gebeten, eine Patient*innen- beziehungsweise Bewohner*innenperspektive einzunehmen. *»Wenn ich Bewohner*in/Patient*in wäre …* … was würde ich mir von meinen Begleiter*innen *verbal* wünschen, bevor *und* während ich berührt werde oder sie in einer intimen/privaten Zone agieren?« (Gruppe 1) … wie müsste eine Berührung und eine Begegnung in der intimen/privaten Zone gestaltet sein, sodass ich sie als wohlwollend und wertschätzend empfinde?« (Gruppe 2) … was würde ich mir von meinen Begleiter*innen wünschen und erwarten, wenn sie erkannt haben, dass ich Berührung (so) nicht möchte oder nicht ertrage?« (Gruppe 3)	Karteikarten und Flipchartstifte Kleingruppen
13	30 Minuten	Erfahrungsaustausch in der Gruppe und Austausch von Erkenntnissen	Die KL bittet die TN, wieder ins Plenum zu kommen. Die erste Gruppe stellt ihre Ergebnisse im Plenum vor und pinnt die Antworten an die Wand. Anschließend werden die TN der anderen Gruppen gebeten, ergänzende Gedanken darzulegen und Fragen zu stellen. Wenn die Frage 1 ausreichend diskutiert wurde, werden die Fragen 2 und 3 im selben Modus bearbeitet.	Pinnwand und Stecknadeln oder Wand und Klebestreifen Stuhlkreis
14	15 Minuten	Dokumentation der wichtigsten Erkenntnisse und Vorbereitung der Abschlussrunde	Die KL fasst zusammen und reflektiert, welche Themen und Inhalte in dieser Fortbildung bis zum jetzigen Zeitpunkt gemeinsam und in den Kleingruppen diskutiert wurden. Für den Abschluss bittet die KL anschließend die TN, sich 5 Minuten Zeit zu nehmen, um auf einer Karteikarte folgende Sätze zu vervollständigen: »Berührung ist für Patient*innen/Bewohner*innen …« »Deshalb ist es besonders bedeutsam, dass …« »Deshalb werde ich in meiner (täglichen) Praxis zukünftig diesen einen Punkt besonders berücksichtigen: …« Anschließend stellen die TN ihre Sätze im Plenum vor.	Je eine Karteikarte für die TN Stuhlkreis
15	5 Minuten	Verabschiedung und Ende	Die KL gestaltet den Abschluss (zum Beispiel TN-Bestätigungen austeilen/Feedbackbogen etc.) je nach üblichem Vorgehen oder Bedarf.	Stuhlkreis

Summe: 240 Minuten

Der Körper erinnert sich bis zuletzt

Das Leibgedächtnis als Ressource am Ende eines Lebens und bei Demenz

Thomas Fuchs und Sabine C. Koch im Gespräch mit Rainer Simader

RAINER SIMADER: *Vielen Dank, dass Sie sich Zeit nehmen, unsere Leserinnen und Leser an Ihrem Wissen teilhaben zu lassen. Können Sie kurz beschreiben, zu welchem Thema Sie forschen?*
THOMAS FUCHS: In unserer Forschung gehen wir den Fragen der Leiberfahrung nach. Wir untersuchen, welche Auswirkungen die Erfahrungen, die ein Körper im Laufe seines Lebens macht, auf das Leben von Menschen haben – vor allem auch die Auswirkungen in Phasen von Erkrankungen, wie zum Beispiel der Demenz. Ein besonders relevanter Begriff in dieser Thematik ist das »Leibgedächtnis«.

RAINER SIMADER: *Wir alle können mit dem Begriff »Gedächtnis« etwas assoziieren. Das Kurz- oder Langzeitgedächtnis oder es fällt uns eben die Demenz ein, wenn das Erinnern nicht mehr auf*

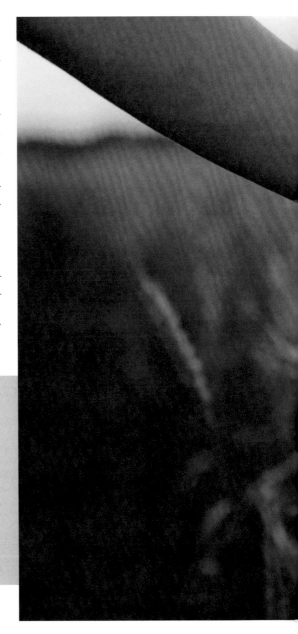

> *Diese Sinneseindrücke bleiben ein Leben lang gespeichert und der Körper erinnert sich an sie, auch in einer Zeit, in der das autobiografische Gedächtnis schon lange verschwunden ist.*

Leidfaden, Heft 4 / 2023, S. 84–88, ISSN (Printausgabe): 2192-1202, ISSN (online): 2196-8217, © 2023 Vandenhoeck & Ruprecht

die gewohnte Art funktioniert. Was ist dieses Leib-gedächtnis?

THOMAS FUCHS: Das Gedächtnis wird oft mit Daten, Fakten und Kognition assoziiert und gerade in der Demenz ist der Verlust dieses Faktengedächtnisses sehr defizit- und pathologieorientiert. Gedächtnis umfasst aber viel mehr. Das Leibgedächtnis ist jenes, das sich eher durch Tun und Praxis entwickelt, wenn es darum geht, Fähigkeiten zu entwickeln und diese zu speichern. Wir alle haben in den ersten Lebensjahren hauptsächlich mit dem Körper gelernt. Der Tastsinn, die Rezeptoren der Haut, haben dazu beigetragen, dass wir uns als soziale Wesen in dieser Welt erkannt haben. Beispiele dafür sind das Ertasten der Umgebung, die Berührung der Mutter oder

Zoteva / Shutterstock

die spürbare Wärme beim Körperkontakt. Tasten ist eine soziale und emotionale Sinneswahrnehmung. Und das bleibt es bis ans Lebensende. Diese Sinneseindrücke bleiben ein Leben lang gespeichert und der Körper erinnert sich an sie, auch in einer Zeit, in der das autobiografische Gedächtnis schon lange verschwunden ist.

RAINER SIMADER: *Kommen wir etwas später noch einmal zur Demenz. Bleiben wir noch kurz bei der Entwicklung des Leibgedächtnisses. Ist es nur die Berührung, das Tasten, das zur Entwicklung dieses Gedächtnisses führt?*

THOMAS FUCHS: Nein, das Tasten ist nur ein sehr wichtiger Reiz dafür. Aber Gerüche, das Hören, der Geschmack und auch die Bewegung sowie Körperhaltungen sind ebenfalls Erfahrungen, die unser Körper speichert und die oft mit starken Emotionen und sozialen Faktoren verbunden sind. Unser Leibgedächtnis ist Träger unserer Lebensgeschichte. Und wir alle kennen solche Momente, in denen das Leibgedächtnis emotionale Erfahrungen preisgibt.

RAINER SIMADER: *Wie kann ich mir das vorstellen?*

THOMAS FUCHS: Ein bekanntes Beispiel aus der Literatur ist in Marcel Prousts Buch »Auf der Suche nach der verlorenen Zeit« zu finden. Dort gibt es die Szene, in der der Ich-Erzähler eine »Madeleine«, ein teegetränktes Gebäck isst. Durch diesen Geschmackseindruck wird plötzlich eine Flut von Erinnerungen an den Ort seiner Kindheit offengelegt, an Familienmitglieder und vieles mehr – weil dieser Geschmack damals eine zentrale Rolle gespielt hat. Diese Leibgedächtniserfahrung wird deshalb auch *Proust-Effekt* oder *Madeleine-Effekt* genannt.

RAINER SIMADER: *Wenn ich also durch den Supermarkt gehe und jemand trägt »4711 Kölnisch Wasser«, das Parfum, das auch meine längst verstorbene Großmutter verwendet hat, und unmittelbar Erinnerungen an sie präsent werden, an ihre Geschichten, wie sie sich bewegt und wie sie gesprochen hat – dann ist also mein Leibgedächtnis aktiv?*

SABINE KOCH: Ja, genau, das ist ein Beispiel und das funktioniert genauso bei Menschen mit Demenz. Es sind emotional bedeutsame körperliche Sinneseindrücke, die dann einen Impuls für positive Erinnerungen auslösen. Bei Menschen mit Demenz kann das sogar dazu führen, dass körperliche Aktivitäten und Bewegungsverhalten ausgelöst werden, womit man vielleicht gar nicht gerechnet hätte. Ich erinnere mich an einen alten Mann mit weit fortgeschrittener Demenz, der von seinen Familienmitgliedern gepflegt wurde und sich selten bewegt hat. Verbale Kommunikation hat kaum stattgefunden. Eines Tages sah er vor seinem Haus eine Gruppe Kinder mit dem Fußball spielen. Er ist aufgestanden, hat mit den Kindern gespielt und ihnen sogar Ratschläge gegeben. Man muss dazu wissen, dass dieser Herr in seiner Jugend selbst begeisterter Fußballspieler war.

RAINER SIMADER: *Wie kann man sich das erklären?*

THOMAS FUCHS: Das limbische System, ein Bereich im Gehirn, der auch für Emotionen zuständig ist, hat eine enge Verbindung zum motorischen System. Wird also dieses Emotionssystem angesprochen, dann können bedeutsame körperliche Reaktionen folgen, und umgekehrt. Wenn wir es philosophisch betrachten, so stellt das Leibgedächtnis eine sehr ressourcenorientierte Form der Identität dar. Das Leibgedächtnis wirkt in der Gegenwart, aber es verkörpert und zeigt die Kontinuität des ganzen bisherigen Lebens.

RAINER SIMADER: *Wie können wir herausfinden, welche besonders bedeutsamen Inhalte im Leibgedächtnis von Menschen mit Demenz gespeichert sind, damit wir dies als Ressource in unserer Begleitung nutzen können?*

Mila Supinskaya / Shutterstock

SABINE KOCH: Wir sollten eine viel genauere körperliche Biografie dieser Menschen erheben. Es ist wichtig herauszufinden, welche bedeutsamen Reize dieses Leibgedächtnis gespeist haben. Welche Lieblingsdüfte hat dieser Mensch und warum? Welche Geschmäcker haben warum welche Bedeutung? In welchen Situationen hat dieser Mensch welche Musik gehört? Welche Bewegungen waren immer Teil seiner Identität oder eben welchen Zugang hatte dieser Mensch zu Berührung?

RAINER SIMADER: *Berührungen sind etwas sehr Persönliches und manchmal Intimes, aber in Phasen von Erkrankungen und des Lebensendes ist Berührung oft sehr funktional. Da geht es um Körperpflege, das Messen des Blutdrucks oder körperliche Untersuchungen, um nur ein paar zu nennen. Was ist für Sie eine achtsame Form der Berührung?*

SABINE KOCH: Soziale und emotionale körperliche Berührungen sind in jeder Lebensphase sehr wichtig – auch in einem klinischen Umfeld. In der Regel ist die Berührung der Hände sozial akzeptabel; besonders wenn sie mit Blickkontakt, einem Lächeln und verbaler Begleitung verbunden wird, dann wird auch diese »einfache« Berührung emotional und sozial bedeutsam.

RAINER SIMADER: *Kann auch eine funktionale Körperpflege sozial und emotional als positive Berührung wahrgenommen werden?*

SABINE KOCH: Ja, wenn sie sehr achtsam und zugewandt durchgeführt wird. Bei allen Menschen ist unsere besondere Aufmerksamkeit gefragt, wie diese auf Berührung oder das Bewegtwerden reagieren.

THOMAS FUCHS: In Untersuchungen der Haut und des Nervensystems hat man besondere Rezeptoren, die sogenannten C-taktilen Rezeptoren, gefunden. Diese reagieren auf langsame Bewegungen und Berührungen und werden mit emotionaler und sozialer Berührung assoziiert. Insofern kann auch ein Umbetten eines bettlägerigen Menschen, wenn die Berührungen und Bewegungen langsam und sorgfältig gemacht werden, für diesen Menschen eine besondere emotionale Erfahrung sein.

RAINER SIMADER: *Wie können wir dieses Wissen um das Leibgedächtnis in der Praxis als Ressource nutzen?*

SABINE KOCH: Das Wichtigste: Das Leibgedächtnis kann bis ans Ende des Lebens genutzt werden und Menschen auch mit fortgeschrittener Demenz können dieses Gedächtnis sogar noch verbessern. Selbst Tanzschritte können gelernt und auch verbessert werden – auch wenn das biografische Gedächtnis nicht mehr funktioniert und kognitives Lernen nicht mehr möglich ist. Der erste Schritt der Nutzung dieses Leibgedächtnisses ist also die selbstkritische Frage: Was trauen wir diesen Menschen zu? Für diese Lernprozesse braucht man Geduld und wir sollten sie fördern und stattfinden lassen. Ich begleite aktuell einen hochbetagten Mann mit fortgeschrittener Demenz, der auch seinen Hörsinn fast vollständig verloren hat. Dennoch kann er über Berührung Bewegungen erlernen und wir können eine sehr persönliche Beziehung zwischen uns gestalten und aufrechterhalten.

RAINER SIMADER: *Haben Sie ein Beispiel für diese Bewegungen, die er hier lernen kann oder muss?*
SABINE KOCH: Wenn er umlernen muss, zum Beispiel fortan einen Toilettenstuhl zu benutzen. Die Begleitung durch Berührung und gemeinsames Finden der neuen Richtungen und Bewegungen, Höhen und Tiefen beim Setzen neu abschätzen, Anspannen und Loslassen, das alles will umgelernt sein, wieder und wieder, bis das Leibgedächtnis auch in dieser neuen Hinsicht für den Patienten zweckdienlich als prozedurales Gedächtnis »funktioniert«.

RAINER SIMADER: *Oft hört man ja das Argument, dass im Pflege- oder Betreuungsalltag so wenig Zeit bleibt. Dabei ist Zeit ja nicht nur eine Frage der Länge, sondern auch der Tiefe.*
SABINE KOCH: Ja, und wenn wir wirklich wissen, welche Arten von Berührungen oder Bewegungen besonders bedeutsam sind, kann dies auch in kurzer Zeit eine besondere Wirkung entfalten.

RAINER SIMADER: *Unsere Leserinnen und Leser begleiten nicht nur Menschen mit Demenz, sondern auch Menschen, die aufgrund von Erkrankungen und Alter körperliche Verluste erlitten haben und oft von Schmerzen geplagt sind. Kann auch hier das Leibgedächtnis mit seinen positiven körperlichen Erinnerungen helfen?*
SABINE KOCH: Ja, das ist durchaus vorstellbar. Positive emotionale Berührung oder das Nutzen dieser anderen Sinneserfahrungen kann zumindest eine Ablenkung oder Weglenkung von quälenden Symptomen oder akutem negativem Erleben und Wahrnehmen sein.

RAINER SIMADER: *Unsere Leserschaft begleitet auch trauernde Menschen. Auch hier sind Verluste erlebt worden und spürbar. Kann in der Begleitung von Trauernden das Leibgedächtnis ebenfalls hilfreich sein?*
SABINE KOCH: Mir fällt sofort ein Beispiel ein: In manchen Palliativeinrichtungen werden von schwerkranken Menschen Handabgüsse gemacht. Durch diesen Abguss hat eine trauernde Person auch lange nach dem Tod eines geliebten Menschen die Möglichkeit, dessen Hand zu halten und diese Person auch haptisch zu fühlen.
THOMAS FUCHS: Berührung hat oftmals eine sehr individuelle Qualität. Partner und Partnerinnen halten und berühren sich auf eine ganz individuelle Weise. Diese Arten von Berührung haben viel mit Identität zu tun. Wir sollten Menschen, die im Begriff sind, wichtige Menschen zu verlieren, dazu ermutigen, genau diese bedeutsamen, individuellen Berührungen, solange es geht, aufrechtzuerhalten. Das ist für beide Beziehungspartner, um welche Art von Beziehung es sich auch immer handelt, eine besonders wichtige Ressource.

RAINER SIMADER: *Liebe Frau Koch, lieber Herr Fuchs – vielen Dank für Ihre berührenden Ermutigungen!*

Thomas Fuchs, Prof. Dr. med. Dr. phil., Psychiater und Philosoph, Karl-Jaspers-Professor für philosophische Grundlagen der Psychiatrie und Psychotherapie an der Universität Heidelberg.
Kontakt: Thomas.fuchs@urz.uni-heidelberg.de

Sabine C. Koch, Prof. Dr. phil. habil., Psychologin und Tanztherapeutin, Professur für Empirische Forschung in den Künstlerischen Therapien am Forschungsinstitut RIArT der Alanus Hochschule Alfter/Bonn und Professorin für Tanz- und Bewegungstherapie an der SRH Hochschule Heidelberg.
Kontakt: Sabine.Koch@alanus.edu

Im Rahmen der intensiven Beschäftigung mit dem Thema »Berührung« habe ich einige Bücher und Artikel darüber gelesen. Zwei sehr unterschiedliche Titel möchte ich Ihnen im Folgenden empfehlen.

Susanne Hirsmüller

Berührung ist ziemlich strange

Steve Haines (2021). Berührung ist ziemlich strange. Mit Illustrationen von Sophie Standing. Heidelberg: Carl-Auer, 33 Seiten

Bei der Suche nach einem Medium, um Pflegestudierenden zu erklären, was Trauma bedeutet, fand ich die Graphic Novel »Trauma ist ziemlich strange« von Steve Haines. Ich war sofort begeistert von der Möglichkeit, Laien und Laiinnen anschaulich und doch wissenschaftlich fundiert ein so schwieriges und komplexes Thema nahezubringen. Das trifft auch auf das Büchlein zum Thema »Berührung«, das während der Coronapandemie entstand. Der Autor ist seit mehr als 25 Jahren Körpertherapeut (er arbeitet in Kliniken in London und Genf) und lehrt unterschiedliche Verfahren der Körperarbeit, insbesondere in der Traumatherapie. Seine Erfahrungen fasst er hier gekonnt in »Häppchen« zusammen – durch die wunderbaren Illustrationen von Sophie Standing gekonnt ins Bild gebracht. In den Fußnoten sind stets die entsprechenden wissenschaftlichen Quellen angegeben.

Ein besonderes Augenmerk legt Haines auf kulturelle Unterschiede in Bezug darauf, was als »normal« gilt (»Männer, die sich an den Händen halten? Total normal in vielen Teilen des Nahen Ostens und Afrikas. Total seltsam in Nordamerika und vielen Teilen Europas«, S. 20), und auf Berührungen im therapeutischen Setting. Anschaulich wird auf die Verantwortung des »machtvollen« Berührens hingewiesen, aber auch vor einem absoluten »Berührungstabu« in Psychotherapie und Lehre gewarnt.

Dieses Heft im DIN-A4-Format vereint auf 33 Seiten vieles: Es gibt einen fundierten Einblick, liefert ausreichend Quellen für die aufgestellten Aussagen, macht Spaß beim Durchsehen, bietet mehrere einfache Übungen allein und zu zweit zum Ausprobieren und Nachvollziehen des Geschilderten und ist ein absoluter »Appetizer«, um sich weiter und intensiver mit diesem wichtigen Thema zu beschäftigen. Dabei eignet es sich sowohl für Fachpersonen als auch für Laien.

Homo hapticus

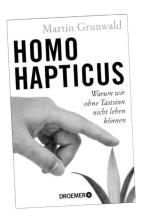

Martin Grunwald (2017). Homo hapticus. Warum wir ohne Tastsinn nicht leben können. München: Droemer, 287 Seiten

Das mit 19 Illustrationen ausgestattete Grundlagenwerk wurde in Österreich 2018 mit dem Preis »Wissenschaftsbuch des Jahres« ausgezeichnet. Der Autor ist ein renommierter Forscher im Be-

Leidfaden, Heft 4 / 2023, S. 89–90, ISSN (Printausgabe): 2192-1202, ISSN (online): 2196-8217, © 2023 Vandenhoeck & Ruprecht

reich der Haptik. Hierzu gehören die Wirkungsweise des menschlichen Tastsinns auf Denken, Fühlen und Handeln sowie anwendungsbezogene Forschungen wie körperorientierte Therapieansätze bei Essstörungen, Demenz und in der Neonatalmedizin. Zu Beginn stellt Grunwald die vorgeburtliche Entwicklung vor und erklärt die Unterschiede zwischen der Interozeption (Fähigkeit, den Allgemeinzustand des eigenen Körpers wahrzunehmen) und der Exterozeption (Wahrnehmung der Außenwelt) sowie zwischen den Qualitäten taktil (der passive Körper wird durch physikalische Reize verformt – vom Stuhl, auf dem wir sitzen, oder vom Masseur) und haptisch (wir berühren selbst etwas oder jemanden aktiv). Der Tastsinn bildet sich als erster aller Sinne bereits ab der siebten Schwangerschaftswoche aus und bleibt lebenslang die wichtigste Informationsquelle für uns Menschen.

Daraus ergibt sich (durch zahlreiche Studienergebnisse nachvollziehbar belegt) die im zweiten Kapitel ausgeführte Grundannahme: Körperkontakt – ein Lebensmittel! Besonders die wichtigen Vorteile des Bondings für den Säugling und die »bondende« erwachsene Person werden erläutert, ohne die Nachteile von »zu viel« oder »zur unrechten Zeit« elterlicher Berührungen zu verschweigen. Das Kind erschließt sich seine Mit- und Umwelt tastend, denn »Begriff« kommt von »begreifen«.

Im Kapitel »Reize und Rezeptoren« werden die neurophysiologischen Grundlagen erklärt, wird auf unterschiedliche Rezeptoren und Sinneszellen eingegangen und dies immer anhand von nachvollziehbaren Alltagsbeispielen verständlich gemacht. Wahrnehmung von Tastsinnesereignissen gelingt uns besonders gut, wenn die Aufmerksamkeit gezielt darauf gelenkt und eine kritische Reizschwelle überschritten wird. »Legt z. B. eine uns bekannte Person ihre Hand auf unserem ruhenden Körper ab, können wir eine Vielzahl verschiedener taktiler Wahrnehmungen machen: Wärme, Gewicht und Größe der Hand, die Größe der Berührungsfläche, die Stelle, an der die Hand aufliegt, und die motorische Ruhe, mit der sie auf unserem Körper liegt. Gleichzeitig begleiten emotionale Prozesse diese taktilen Wahrnehmungen, je nachdem, wie wir die Form des Körperkontakts bewerten« (S. 125).

Im Kapitel »vermessene Empfindungen« legt Grunwald dar, wie diese Erkenntnisse in der modernen Medizin und Therapie Anwendung finden: »Pflegebedürftige brauchen Berührung« – »Rehabilitation nach einem Schlaganfall« – »Tasten und fühlen Frauen anders als Männer?« sind einige der Unterkapitel benannt. Im fünften Kapitel »Erkrankungen und Störungen des Tastsinnessystems« werden sehr interessante und zum Teil noch wenig verbreitete Erkenntnisse zu verschiedenen Haut- und Muskelerkrankungen, Körperschemastörungen, aber auch Demenz und Anorexie im Zusammenhang mit dem Tastsinn erläutert.

Den Abschluss bilden die beiden Kapitel zu Anwendung in der Alltags-, Freizeit- und Arbeitsumwelt sowie ein Einblick in weitere Forschungsszenarien wie zum Beispiel »Physiotherapeutische Körperstimulation bei chronisch und schwer kranken Patienten«. All dies wird abgerundet durch ein sehr ausführliches Quellenverzeichnis mit erläuternden Hinweisen zu den zitierten Studien.

»Homo hapticus« ist geeignet für alle, die etwas tiefer in die Hintergründe des Tastsinns und der menschlichen Berührung eintauchen möchten, sich vor (jeweils erklärten) medizinischen Fachausdrücken nicht scheuen und das Thema auch mal über den eigenen Tellerrand hinaus in anderen Anwendungsgebieten kennen lernen möchten.

Bundesgartenschau und Trauer

Christoph Bevier

Das Konzept: Drei große Bereiche

Vom 14. April bis zum 8. Oktober 2023 fand die Bundesgartenschau in Mannheim statt. Da wir nahe am Gelände der Bundesgartenschau wohnen, machten meine Frau und ich oft abends einen Spaziergang über das Gelände. So wurden wir vertraut mit der Anlage und fanden in einen engen Kontakt mit der Natur. Da ich wusste, dass ich Ende August einen Gottesdienst zum Thema »Trauer« halten würde und wir uns mit dem BVT an der Themenwoche »Trauer« beteiligen würden, lief das Thema »Trauer« immer hintergründig bei uns mit.

Das Konzept der Bundesgartenschau war dreigeteilt: Die Stadt hatte den Luisenpark umfassend überarbeitet und renoviert, eine neue Parkmitte geschaffen und die Grünanlagen und den großen Teich gründlich überholt. In einer siebenminütigen Fahrt verband eine Gondel den Luisenpark mit dem Spinelli-Gelände auf der Vogelstang. Spinelli war über viele Jahrzehnte hindurch eine Basis des US-Militärs. Hier wurde der informative, progressive, innovative Bereich der Bundesgartenschau gezeigt: viele Informationsstände zu Nachhaltigkeit in Bezug auf Energie, Müll, Wasser, Nahrung, Wohnen, Bepflanzung, Umwelt und Umweltschutz. In diesem Bereich der Bundesgartenschau war auch die Formen- und Farbenpracht der Blumen und Pflanzen an-

gesiedelt. Auch die Vielzahl der kulturellen Angebote hatten hier ihren Platz. Die Planer und Planerinnen hatten auf Spinelli keinen Traditionsbruch zur militärischen Geschichte des Geländes vorgenommen, sondern die Erinnerung erhalten, zum Beispiel Teile der Panzerwaschanlage, Mauern von Reparatur- und Lagerhallen.

Ein dritter Bereich auf der Bundesgartenschau bildete ein großes, naturbelassenes Gelände, ein Brachgelände, eine Wiesenlandschaft, weite, unbewirtschaftete Flächen, wo unter anderem das Konzept der Dreifelderwirtschaft vorgestellt wurde.

Erfahrungen der Natur

Anfangs, als wir im April auf das Spinelli-Gelände kamen, war ich geschockt von dem, was ich sah. Alles sah kahl und karg aus. Ein unbelebtes, vom Militär geprägtes Gelände ohne Charme. Kaum Grünflächen, kaum Blumen, keine Blüten, keine Farben, kein Leuchten, die Arbeiten der Bepflanzung waren noch nicht fertig, es hatte viel geregnet und es regnete weiter viel. Die Wiesen standen unter Wasser, auf den Flächen, wo Blumen wachsen sollten, waren große Pfützen voll braunen Wassers. Der Anblick wirkte trostlos.

Dann erlebte ich den Frühling. Die Blumen kamen hervor, Frühlingsblüher, Tulpen, Narzis-

BVT / C. Bevier

sen, Ranunkel, Vergissmeinnicht, Mohn, Sumpf-kressen, schwarzer Lauch, Blutklee und andere.

Enten mit Küken, die herumhüpften. Auch auf dem Brachland begannen Blumen zu blühen, zum Beispiel Mohn und vereinzelt Sonnenblumen. Da es lange kühl blieb und es weiterhin viel regnete, blieb die Frühlingspracht lange erhalten.

Als ich nach einem längeren Urlaub Ende Juni zurückkam, hatte sich das Spinelli-Areal stark verändert. Die Frühlingsblumen waren verschwunden, der Sommer war angekommen, viel Sonne, nicht selten extreme Hitze, wenig oder gar keine Feuchtigkeit. Verbraucht sah die naturbelassene Wiese aus, ihr Gras war braun, fast zu Stroh geworden, die Blumen waren verschwunden.

Dann kam Ende Juli zweieinhalb Wochen lang starker Regen und wieder veränderte sich Spinelli. Plötzlich wurde alles wieder grün, die Blumen blühten erneut und zeigten ihre leuchtenden Farben. Am eindrücklichsten aber blieb für mich das Grün der Wiese, saftiges, feuchtes Grün. Das Grün und das Blühen hielten sich bis Ende August, da ich diesen Artikel schreibe.

Spiegelungen von Trauer

Die drei Bereiche der Bundesgartenschau verbanden sich mir mit drei Gefühlswelten: im Luisenpark Behütung, Geborgenheit, Heimatliches, Zugehörigkeit, Einbettung. Auf dem Ausstellungsbereich von Spinelli Kulturation, Innovation, Aufbruch, Entdeckung, Lebendigkeit. Bei der Dreifelderwirtschaft und der naturbelassenen Wiese Kahlheit, Nüchternheit, Ordnung, Klarheit, aber auch Ruhe, die Pause von allem. Zu Beginn der Bundesgartenschau war ich über das Brachland entsetzt. Mit der Zeit aber fühlte ich mich hier immer wohler und es wurde zu meinem Lieblingsgelände. Hier war es still und die Naturerfahrung am intensivsten – starker Wind, starke Sonne, Regen, Weite und Einsamkeit, weil die meisten Besucherinnen und Besucher sich lieber im Kulturbereich der Gartenschau aufhielten. Die drei Bereiche wurden für mich ein Spiegel der Trauer. Trauernde Menschen brauchen viel Behütung, Schutz, Geborgenheit, Sicherheit. Sie kennen das Ausgesetztsein, die Reduktion des Lebens, die kahlen, dürren, einsamen Zeiten, und sie gehen auf etwas Neues zu, einen neuen Abschnitt in ihrem Leben, der auch wieder sinnvoll, schön und lebendig sein kann. Wenn ich am Brachland entlangging, dann wusste ich immer, es gibt noch mehr als das, es gibt den Luisenpark und es gibt den informativen, progressiven Bereich auf Spinelli. Ich hatte immer die Möglichkeit, aus meiner Einsamkeit heraus zu gehen, und selbst hier, wo sich nur wenig Menschen bewegten, war ich nie ganz allein. Die Bezüge herzustellen, ist in der Trauer so wichtig, nie zu vergessen, es gibt auch noch etwas anderes als die Schwere, die Schwärze, die Ohnmacht, das Leiden, die im Moment vorherrschen. Und da Trauernde dazu oft allein nicht in der Lage sind, ist Trauerbegleitung so wichtig und notwendig. Unter anderem hält Trauerbegleitung die anderen Zeiten offen, die anderen Felder des Lebens, die Möglichkeiten, die Auswege, die Alternativen, die Zukunft.

Themenwoche »Trauer«

An einem Montag Ende August hatte der BVT bei der Themenwoche »Trauer« seinen Stand im Möglichkeitsgarten der Kirchen. Das Bestattungshaus Geider aus St. Leon-Rot hatte zwei Särge zu Verfügung gestellt: einen Sarg zum Bemalen und einen Sarg, in den sich Besucherinnen und Besucher legen konnten, um sich nicht nur im Gespräch, sondern in einer körperlichen Erfahrung mit ihrem Verhältnis zu Sterben, Tod und Trauer zu befassen. Betreut wurden die Sargbemalung von Stefanie Schnitzler und die Kontakte um den offenen Sarg herum von Susanne Bachtler, Marianne Bevier und Christoph Bevier. Anders als zum Beispiel auf der Messe »Leben und Tod« handelte es sich um ein Angebot nicht nur für Menschen, die aus irgendeinem Grund Interesse an den Themen »Sterben, Tod und Trauer« haben, sondern um ein niederschwelliges Angebot im freien Öffentlichkeitsraum. Viele zeigten sich überrascht, dass solch ein Thema auf der Bundesgartenschau angeboten wird, manche fragten direkt, was wir mit solch einem Stand bezweckten – das war gut, weil wir so ins Gespräch kamen –, einige blieben in Entfernung, empörten sich und riefen »also saggemohl!« oder »makaber!«. Der Tod ist nach wie vor ein Tabu und in der Empörung zeigte sich für mich nicht nur eine Abwehrhaltung, sondern auch etwas davon,

dass der Tod wirklich etwas Empörendes hat. Die Mehrheit der Besucherinnen und Besucher aber war fasziniert sowohl von der Sargbemalung als auch vom offenen Sarg und viele nutzten die Gelegenheit, Erfahrungen im Sarg zu machen. Einige beschreibe ich kurz, weil sie mich berührten und mir wieder einmal verdeutlichten, wie wichtig die Beschäftigung mit dem Thema ist.

Ein Mann mittleren Alters stieg erschüttert aus dem Sarg, in dem er länger gelegen war. Als ich ihn fragte, was er erlebt habe, sagte er: »Ich weiß jetzt, dass ich mein Leben so leben muss, dass ich vor Gott bestehen kann. Ich kann nicht einfach so vor mich hinleben. Es ist nicht egal, was ich tue und wie ich lebe. Jede Kleinigkeit ist wichtig.«

Eine junge Frau erzählte, sie habe im Sarg die Erfahrung gemacht, alles loslassen zu können, sie habe sich frei von allem Ballast gefühlt. Sie war glücklich über diese Erfahrung.

Eine Frau sagte über ihre Erfahrung im Sarg: »Das ist ein friedlicher Ort.«

Ein Frau stieg lächelnd und froh aus dem Sarg und erzählte, sie habe, als der Sargdeckel aufgelegt war, den weiten, blauen Himmel über sich gesehen. Auch bei ihr die Ausstrahlung von Leichtigkeit und Glück.

Ein Gärtner, der auf der Bundesgartenschau arbeitete, kam als einer der Ersten zum offenen Sarg und sagte, er habe gestern im Gottesdienst von der Aktion gehört und wolle es unbedingt ausprobieren. Er wisse, dass das eigentliche Leben erst nach diesem Leben beginne. Wunderbar war seine Entschiedenheit. Andere Besucherinnen und Besucher gesellten sich dazu

und es begann ein Gespräch über die Schönheit der Hoffnung und ihre Ungewissheit.

Viele ähnliche Begegnungen könnte ich noch erzählen, die das Ergebnis bestätigen würden, wie wichtig es ist, das Tabu des Todes durch niederschwellige, öffentliche Angebote, sich mit Trauern, Sterben und Tod beschäftigen, zu unterwandern.

Christoph Bevier war als evangelischer Pfarrer in Gemeinde, Gefängnis und Gymnasium tätig und arbeitet derzeit als Klinikpfarrer in einer psychiatrischen Klinik. Er ist Supervisor im Bereich von Hospiz, Krankenhaus, Seelsorge.

Quo vadis Trauerbegleitung?

Eine Sensibilität für die Vielfalt von Verlusten und Trauerprozessen ist durch die Pandemie gesellschaftlich gewachsen. Die Nachfrage nach Trauerbegleitung steigt – und somit auch das Interesse des Bundesverbandes für Trauerbegleitung, die Kompetenz in der Begegnung mit trauernden Menschen in unserer Gesellschaft zu stärken.

BVT-Mitglieder sind in vielen verschiedenen Bereichen tätig: von hospizlicher Trauerbegleitung bis zur Trauer am Arbeitsplatz, in der Qualifizierung und in der konkreten Begegnung in Trauergruppen und Einzelgesprächen.

Um das Potenzial der Mitglieder, gesellschaftlich noch wirksamer zu werden, fördern zu können, haben wir vom Vorstand eine Mitgliederbefragung initiiert. Alle Mitglieder sind eingeladen, den anonymisierten Fragebogen auszufüllen. Unsere Forschungsfragen kreisen um folgende Themen: In welchen Bereichen sind BVT-Trauerbegleiter:innen tätig? Welche Angebote der

Trauerbegleitung gibt es? Welche Erwartungen an den BVT haben die Mitglieder? Wo möchten sie sich einbringen und über Verbandsarbeit gesellschaftlich wirksam werden? Und schließlich auch: Wie wird Trauerbegleitung derzeit finanziert?

Davina Klevinghaus und ich sind beide in der Forschung tätig und möchten die Ergebnisse verbandsintern für einen Organisationsentwicklungsprozess auswerten. Die Ergebnisse sollen auch an anderen Stellen veröffentlicht werden, um den Diskurs über die Bedeutung und Sicherung von qualitativer Trauerbegleitung zu bereichern.

Neben der Stärkung der Mitglieder des BVT haben wir ein großes Interesse daran, die qualitativen Angebote der Trauerbegleitung in unserer Gesellschaft besser wahrzunehmen und zur Vernetzung beizutragen.

Dr.in Carmen Birkholz
1. Vorsitzende des BVT

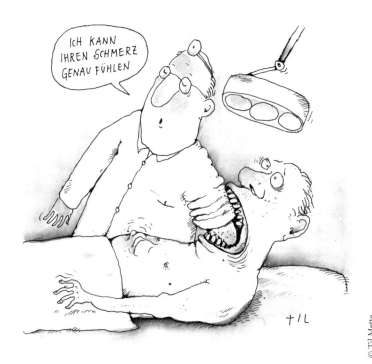

© Til Mette

Vorschau Heft 1 | 2024

Kinder- und Jugendlichen-trauer

Trauer, Pandemie und Adoleszenz: Eine neuralgische Triade?
Erfahrungshorizonte trauernder Adoleszenter im Zuge der Covid-19-Pandemie

Tiere als Beziehungsoption, Brücke und Türöffner in der Stabilisierung von Kindern und Jugendlichen in erschwerter Trauer

Superhelden fliegen vor – zeitgemäße Teilhabe junger schwersterkrankter Menschen
Eine Vision, die funktioniert

Kinder und Jugendliche wollen über Krankheit, Tod und Sterben sprechen
Erfahrungen mit Letzte-Hilfe-Kursen für Kids und Teens

Kinder und Jugendliche als pflegende Angehörige

u. a. m.

Impressum

Herausgeber/-innen:
Rainer Simader, Dachverband Hospiz Österreich, Ungargasse 3/1/18, A-1030 Wien
E-Mail: simaderr@gmail.com

Prof. Dr. med. Lukas Radbruch, Zentrum für Palliativmedizin,
Von-Hompesch-Str. 1, D-53123 Bonn
E-Mail: Lukas.Radbruch@ukbonn.de

Dr. phil. Sylvia Brathuhn, Frauenselbsthilfe Krebs e. V.,
Landesverband Rheinland-Pfalz/Saarland e. V.
Schweidnitzer Str. 17, D-56566 Neuwied
E-Mail: Brathuhn@t-online.de

Dipl.-Sozialpäd. Heiner Melching (Berlin), Monika Müller, M.A. (Rheinbach),
Dipl.-Päd. Petra Rechenberg-Winter M.A. (Hamburg),
Dipl.-Pflegefachfrau Erika Schärer-Santschi (Thun, Schweiz),
Dipl.-Psych. Margit Schröer (Düsseldorf), Prof. Dr. Reiner Sörries (Erlangen),
Peggy Steinhauser (Hamburg)

Kontaktanfragen und Rezensionsvorschläge richten Sie bitte an
Rainer Simader: simaderr@gmail.com

Wissenschaftlicher Beirat:
Dr. Colin Murray Parkes (Großbritannien), Dr. Sandra L. Bertman
(USA), Dr. Henk Schut (Niederlande), Dr. Margaret Stroebe
(Niederlande), Prof. Robert A. Neimeyer (USA)

Redaktion:
Ulrike Rastin M. A. (V. i. S. d. P.),
BRILL Deutschland GmbH
Vandenhoeck & Ruprecht
Robert-Bosch-Breite 10, D-37079 Göttingen
Tel.: 0551-5084-423
E-Mail: ulrike.rastin@v-r.de

Bezugsbedingungen:
Die Zeitschrift erscheint viermal jährlich. Es gilt die gesetzliche Kündigungsfrist
für Zeitschriften-Abonnements. Die Kündigung ist schriftlich zu richten an:
Brockhaus Kommissionsgeschäft GmbH, Leserservice, Kreidlerstraße 9, D-70806 Kornwestheim,
E-Mail: zeitschriften@brocom.de.
Unsere allgemeinen Geschäftsbedingungen, Preise sowie weitere Informationen
finden Sie unter www.vandenhoeck-ruprecht-verlage.com.

Verlag:
BRILL Deutschland GmbH, Robert-Bosch-Breite 10,
D-37079 Göttingen; Tel.: 0551-5084-300, Fax: 0551-5084-454
www.vandenhoeck-ruprecht-verlage.com

ISSN (Printausgabe): 2192-1202, ISSN (online): 2196-8217
ISBN 978-3-525-80625-8
ISBN 978-3-647-80625-9 (E-Book)

Umschlagabbildung: Michelangelo, Die Erschaffung Adams, Sixtinische Kapelle (Rom),
1511/12 / Creative Commons Attribution 3.0 Unported

Verantwortlich für die Anzeigen: Ulrike Vockenberg, Brill Deutschland GmbH,
Robert-Bosch-Breite 10, D-37079 Göttingen, Kontakt: anzeigen@v-r.de

Alle Rechte vorbehalten. Das Werk und seine Teile sind
urheberrechtlich geschützt. Jede Verwertung in anderen als den
gesetzlich zugelassenen Fällen bedarf der vorherigen schriftlichen
Einwilligung des Verlages.

© 2023 by Vandenhoeck & Ruprecht, Robert-Bosch-Breite 10, 37079 Göttingen, Germany, an imprint of the Brill-Group
(Koninklijke Brill NV, Leiden, Niederlande; Brill USA Inc., Boston MA, USA; Brill Asia Pte Ltd, Singapore;
Brill Deutschland GmbH, Paderborn, Deutschland; Brill Österreich GmbH, Wien, Österreich)
Koninklijke Brill NV umfasst die Imprints Brill, Brill Nijhoff, Brill Schöningh, Brill Fink, Brill mentis,
Brill Wageningen Academic, Vandenhoeck & Ruprecht, Böhlau und V&R unipress.

Gestaltung, Satz und Lithografie: SchwabScantechnik, Göttingen
Druck und Bindung: Beltz Grafische Betriebe GmbH, Bad Langensalza

Printed in Germany